T0021884

«El poder de la oración es la mayo[...]d, por recordarnos que debemos aprovechar el privilegio de implorar».

Max Lucado, pastor y autor superventas

«En *Mujeres que oran*, Sheila nos recuerda a todas que la oración es una de las mejores armas que tenemos para hacer retroceder la oscuridad en nuestro mundo. Este libro te desafiará a pensar en la oración de una manera novedosa, arraigada en lo que Dios es, no en lo que somos ni en lo que queremos ser».

Christine Caine, autora superventas y fundadora de A21 y Propel Women

«Tengo una gran aprecio y respeto por Sheila. Ella tiene una notable habilidad para conectarse con otros a través de sus luchas y, al hacerlo, nos recuerda que no estamos solas. En este libro, Sheila habla sobre la confusión y las preguntas con las que ha luchado y las verdades que ha aprendido como resultado de la oración. ¡Creo que estas verdades tienen el poder de despertar a la mujer que ora que llevas dentro!».

Lisa Bevere, autora superventas del *New York Times* y cofundadora de Messenger International

«A veces no sabemos por qué o, ni siquiera, cómo orar. Sin embargo, la oración es nuestra línea vital que nos conecta a Dios mismo. Con agradecimiento, Sheila Walsh nos ayuda a entender "Cómo orar cuando no sabes qué decir". En *Mujeres que oran*, la autora te guiará en el viaje más grande de tu vida a medida que aprendes a perseverar en la oración, pase lo que pase. Es uno de los mejores libros que puedes leer. ¡Lo recomiendo altamente!».

Dr. Jack Graham, pastor principal de Prestonwood Baptist Church

«Martín Lutero escribió: "Ser cristiano sin oración es menos posible que estar vivo sin respirar". Y eso es lo que Sheila nos recuerda tan bellamente en este libro: la oración no es una disciplina religiosa arcaica, es la clave extraordinaria de la intimidad con nuestro creador redentor. Aun sin palabras, la postura al orar nos lleva plenamente a la presencia de aquel que nos ama de manera incondicional. Aquel a quien podemos acudir y en quien podemos descansar en tiempos de dificultades».

Lisa Harper, autora y maestra de la Biblia

«Lo mejor que se puede hacer para Dios y por los demás es orar. Sheila Walsh es una poderosa mujer de oración y, por lo tanto, su libro no solo es vital para que todas las mujeres lo lean, sino que también cambiará al mundo, porque la oración transforma al mundo».

Ph. D. Jeremiah J. Johnston, presidente de
Christian Thinkers Society

«Antes de poder verlo, debes hablarlo. Y antes de que puedas hablarlo, debes orar al respecto. La situación no tiene poder, ¡una mujer que ora sí!».

Sarah Jakes Roberts, pastora, autora superventas
y fundadora de Woman Evolve

«¡Esta es una lectura extraordinaria! Sheila habla directamente al corazón de los problemas que las hijas de Dios experimentan en lo referente a la oración. No importa dónde te encuentres en tu peregrinaje espiritual, *Mujeres que oran* ayudará a que tu vida de oración resucite mientras buscas conocer a Dios más íntimamente y le pides que haga lo milagroso».

Julie Clinton, presidenta de Extraordinary Women Ministries

SHEILA WALSH

MUJERES QUE ORAN

CÓMO ORAR CUANDO NO SABES QUÉ DECIR

WHITAKER
HOUSE
Español

A menos que se indique lo contrario, las citas de la Escritura marcadas (NVI) son tomadas de la Santa Biblia, NUEVA VERSIÓN INTERNACIONAL® NVI® © 1999, 2015 por Biblica, Inc.® Usado con permiso de Biblica, Inc.® Reservados todos los derechos en todo el mundo. Las citas de la Escritura marcadas (NTV) son tomadas de la Santa Biblia Nueva Traducción Viviente, © Tyndale House Foundation, 2010. Usadas con permiso de Tyndale House Publishers, Inc., 351 Executive Dr., Carol Stream, IL 60188, Estados Unidos de América. Todos los derechos reservados. Las citas de la Escritura marcadas (DHH) son tomadas de la BIBLIA DIOS HABLA HOY, 3RD EDITION Dios habla hoy ®, Tercera edición © Sociedades Bíblicas Unidas, 1966, 1970, 1979, 1983, 1996. Used by permission. Las citas de la Escritura marcadas (CST) son tomadas de la Santa Biblia, NUEVA VERSIÓN INTERNACIONAL® NVI® (Castellano) © 1999, 2005, 2017 por Biblica, Inc.® Usado con permiso de Biblica, Inc.® Reservados todos los derechos en todo el mundo. Las citas de la Escritura marcadas (RVR1960) son tomadas de la Santa Biblia versión Reina-Valera 1960 ® © Sociedades Bíblicas en América Latina, 1960. Renovado © Sociedades Bíblicas Unidas, 1988. Utilizado con permiso.

Mujeres que oran
Cómo orar cuando no sabes qué decir
Originalmente publicado en inglés con el título: Praying Women

ISBN: 979-8-88769-244-9
eBook ISBN: 979-8-88769-245-6
© 2020 por Sheila Walsh
Traducción en español © 2020 by Baker Publishing Group
Impreso en Estados Unidos de América

Originally published in English under the title Mujeres que oran by Baker Books, a division of Baker Publishing Group, Grand Rapids, Michigan, 49516, U.S.A. All rights reserved.

Whitaker House
1030 Hunt Valley Circle
New Kensington, PA 15068
www.espanolwh.com

Por favor, envíe sugerencias sobre este libro a: comentarios@whitakerhouse.com.

Ninguna parte de esta publicación podrá ser reproducida o transmitida de ninguna forma o por algún medio electrónico o mecánico; incluyendo fotocopia, grabación o por cualquier sistema de almacenamiento y recuperación sin el permiso previo por escrito de la editorial. En caso de tener alguna pregunta, por favor escríbanos a permissionseditor@whitakerhouse.com.

1 2 3 4 5 6 7 8 9 10 11 ᴨ 31 30 29 28 27 26 25 24

Dedico este libro con amor a
mi amiga Jennalee Trammel,
una mujer que entiende el dolor
de la vida y el poder de la oración.

Contenido

Introducción

Oro porque no puedo evitarlo. Oro porque estoy desamparado. Oro porque es una necesidad que fluye de mí todo el tiempo, al levantarme y al acostarme. La oración no cambia a Dios. Me cambia a mí.

C. S. Lewis

La oración comenzó a confundirme cuando tenía unos seis años, todo por una historia que mi madre me contó sobre mi abuelo.

Mi abuelo era un hombre escocés de pocas palabras. Para él, había una y solo una forma de hacer la mayoría de las cosas. Por lo que cuando se trataba de orar antes de las comidas, él conocía la fórmula, y era muy sencilla, expresada con un fuerte y solemne acento como el de un personaje de la película *Braveheart*: «Por lo que estamos a punto de recibir, que el Señor nos haga realmente agradecidos. Amén».

Punto final. Así era como lo hacía. Esa era su forma de orar.

Sin embargo, un día, mi querida nana le preguntó a mi abuelo si podría extender un poco su oración normal de toda la vida. Fue un día importante para la familia y ella quería que su oración reflejara eso. Como te puedes imaginar, no salió bien.

Unos misioneros de África fueron a la casa a comer después de hablar en la iglesia y nana hizo lo mejor que pudo para los invitados de honor. La vajilla de la boda, los cubiertos de plata familiar y un jarrón de cristal de Waterford —lleno de rosas pálidas de su jardín— prepararon el escenario. Todo era fresco y nuevo... aparte de una cosa: mi abuelo.

«William, todo está perfecto para nuestros invitados especiales. Antes de comer, ¿crees que podrías orar algo un poco más profundo, algo más grande, algo... más extenso? Quiero que esta visita sea perfecta».

Él gruñó en voz alta y nada más. Era imposible saber si era un gruñido de afirmación o no. Solo el tiempo lo diría. Cuando los invitados arribaron y se sentaron a la mesa, llegó el momento. Ese fue el gran momento de mi abuelo.

Se aclaró la garganta e inclinó la cabeza. Hubo una pausa dificultosa. Luego esto: «Por lo que estamos a punto de recibir...». La misma vieja frase que decía todos los días, momento en el cual mi nana le dio un gentil... bueno, una gran patada por debajo de la mesa. Hubo una pausa obvia, incómoda. Luego el gran final.

«Que el Señor nos haga sinceramente agradecidos y... y... y... ¡hazme un buen chico!».

Mamá me contó que se rio tanto que se cayó de la silla. Nana, dijo, hizo un ruido que evocaba a alguien sentado en la gaita (instrumento musical escocés). Mi abuelo, por otro lado, no estaba contento. Se había visto obligado a apartarse de su fórmula habitual y todo fue un verdadero desastre.

Después de escuchar esa historia en mi niñez, me preocupé mucho por todo ese asunto de la oración. ¿Qué pasa si me piden que ore delante de la gente y olvido las frases? Claramente había una manera correcta de hacer eso y una incorrecta. ¿Qué pasa si me equivoco?

Ya como adulta, he pensado muchas veces en esa historia y me río ante el final infantil que mi abuelo atribuyó a su gracia. Lo que había hecho era combinar las dos oraciones que conocía: la familiar oración de gracia y la oración a la hora de acostarse, que decía todas las noches cuando era niño, que era algo así como:

Gracias por este día
cuida de mí esta noche
hazme un buen chico
por el amor de Jesús. Amén.

Entiendo el pánico de mi abuelo. La oración puede ser intimidante, sobre todo cuando tenemos que hacerla en voz alta frente a extraños. A eso agrega que pidan una improvisación y quién sabe qué podría salir mal. Mi oración a la hora de dormir cuando era niña era esta:

Jesús, amable Pastor, escúchame.
Bendice a tu corderito esta noche.
Permanece cerca de mí en la oscuridad.
Mantenme a salvo hasta la luz de la mañana.

Mientras permanecía debajo de un cuadro que representaba a Cristo sosteniendo un cordero, nunca tuve la certeza de sí estaba orando por la ovejita o por mí, pero decía la oración fielmente todas las noches.

Me encantaría decir que en los años siguientes me convertí en una guerrera de oración, pero no es cierto. A menudo me costaba saber cómo orar y qué orar. Si Dios ya había decidido lo que iba a suceder, ¿qué distinción harían realmente mis oraciones?

Sin embargo, ese no era el único problema, ¿les parece? Si somos realmente francas, a veces encontramos que la oración es aburrida y repetitiva. Nos distraemos y nuestras mentes divagan. Sabemos lo importante que es la oración, pero luchamos por orar, y luego nos sentimos culpables y nos preguntamos qué nos pasa. A veces, eso hace que cuestionemos nuestro compromiso con Dios. Más profundo aun, ¿escucha y responde Dios nuestras oraciones?

Antes de comenzar a escribir este libro, realicé una encuesta rápida en mi página de Facebook, preguntando a mis lectores sobre sus experiencias con la oración. En dos horas, hubo más de 650 comentarios, muchos de los cuales expresaban las mismas luchas.

Me distraigo.

Siento que solo digo las mismas cosas una y otra vez.

¿Cuál es el punto si, de todos modos, Dios sabe lo que va a pasar?

¿Cómo sé lo que se supone que debo orar?

Me aburro.

¿Cómo sé que Dios me escucha?

La última vez no recibí respuesta, entonces ¿para qué orar?

¡Siento que Dios me odia!

Estoy demasiado deprimida para orar.

El siguiente comentario apareció una y otra vez:

No puedo mantenerme enfocada; mi mente divaga.

Entiendo. Más importante aun, Dios también entiende. Ha habido muchas épocas oscuras en mi vida en las que me ha resultado difícil orar. Por eso escribí este libro. Después de años intentando ser perfecta, empecé a comprender que Dios no busca nuestra perfección. Él anhela nuestra presencia. He escrito muchos libros a lo largo de los años, pero no creo que ninguno me haya impactado tanto como este.

Hay muchas cosas que me emociona contarles. El Espíritu Santo quiere enseñarnos cómo orar y también mostrarnos que no es tan complicado como lo hemos hecho. Además, creo que tenemos un enemigo que hará todo lo que pueda para distraernos y evitar que oremos. Si hemos olvidado el poder de la oración, él no lo ha hecho, ¡pero no somos las únicas!

Así mismo, en nuestra debilidad el Espíritu acude a ayudarnos. No sabemos qué pedir, pero el Espíritu mismo intercede por nosotros con gemidos que no pueden expresarse con palabras. Y Dios, que examina los corazones, sabe cuál es la intención del Espíritu, porque el Espíritu intercede por los creyentes conforme a la voluntad de Dios. (Romanos 8:26-27)

¡Esa es una noticia extraordinaria!

Agradezco mucho que hayas escogido este libro. Incluso ahora estoy haciendo una pausa para orar por ti. Le pido al Espíritu Santo que abra tus ojos para que veas la verdad y tus oídos para que escuches su voz. Si has tenido la tentación de renunciar a la oración, solo debes saber que no eres la única. Eso no significa que no ames a Jesús. Puede significar simplemente que, como mi abuelo, piensas que hay una manera correcta de orar y una incorrecta. O tal vez estás cansada de decir las mismas cosas una y otra vez. Tal vez oraste y Dios no te respondió, por lo que piensas: *¿Para qué seguir orando?*

Cualquiera que sea tu desafío, permíteme recordarte que Dios no está buscando palabras perfectas ni personas perfectas. Él solo quiere nuestros corazones. Así que, juntas, veremos cómo orar cuando no sabemos qué decir, cómo orar a través de nuestro dolor, cómo orar las promesas de Dios sobre nuestras vidas, cómo orar cuando necesitamos avanzar y, tal vez lo más impactante de todo, cómo orar la Palabra de Dios a Él. Esta práctica sola está cambiando mi vida.

¿Puedo orar por ti?

Padre:

En este momento oro por la persona que lee estas palabras. Si está cansada, dale descanso. Si está herida, dale tu sanidad. Si está enferma, dale tu paz. Si se siente condenada, dale tu gracia. Queremos ser mujeres de oración por los méritos de Jesús. En su nombre pido estas cosas. Amén.

Ora aunque no sepas qué decir

*Las mujeres que oran saben que es bueno
comenzar desde donde están.*

En la oración es mejor tener un corazón sin palabras que palabras sin corazón.

John Bunyan

Y al orar, no hablen solo por hablar como hacen los gentiles.

Mateo 6:7

Me gustaría, algún día, ser el tipo de escritora que se enclaustra en una pequeña cabaña junto al océano por unos meses, escribe calmadamente entre tazas de té *Earl Grey* y camina por la playa —al atardecer— con sus perros obedientes. Por ahora, agradezco a Dios cuando tengo un par de días tranquilos en casa para poder escribir sin interrupción. Nunca aprendí a escribir a máquina en la escuela, por eso escribo todos mis libros con dos dedos. Si alguna vez te encuentras a mi lado en una cafetería, te cambiarás de lugar. Aunque creas que soy simpática, te moverás.

Cuando me pongo en acción, mi mecanografiado suena como un demencial pájaro carpintero. En casa parece funcionar mejor para el resto del planeta.

En ese día en particular, los perros estaban durmiendo y Barry estaba lavando la ropa, así que me senté en mi escritorio en el estudio, abrí mi computadora portátil y busqué la carpeta que había guardado hacía poco. Escribí «Mujeres orando», ¡y no salió nada! *Me extraña*, pensé. Traté de «Mujeres que oran», y todavía nada. Simplifiqué y escribí «Oración», y todo lo que encontré fue un artículo que había escrito el año pasado para una revista. ¿Dónde estaba mi archivo? ¿Cómo podrían desaparecer páginas y páginas de arduo trabajo? ¿No se supone que todo está escondido de forma segura en esa cosita llamada nube?

Había estado investigando para este libro durante dos años en medio de una apretada agenda de viajes y televisión, y la fecha límite para terminar el manuscrito se acercaba rápidamente. Había pasado meses en aviones y tiempo de inactividad en hoteles leyendo, orando y escribiendo notas en libretas de color amarillo. Había estudiado pasajes de las Escrituras que enseñan sobre la oración y sabía lo que creía que debía contener cada capítulo. Durante una escala de ocho horas en un aeropuerto un par de semanas antes, reuní todas las notas que había escrito por meses y finalmente escribí todo en un documento, que guardé debajo... ¿debajo de qué? Cuando abrí mi computadora portátil y escribí «Mujeres orando» y no apareció nada, entré en pánico. ¿Cómo podría eso simplemente desaparecer? Me recosté en la silla y respiré hondo. No sabía qué decir. Me sentí abrumada... perdida. Entonces, surgió una palabra de mi boca. Grité un nombre: «¡Jesús!».

Mi simple oración en ese momento fue una palabra: «¡Jesús!».

Levanté mis manos hacia el cielo y exclamé su nombre nuevamente. «¡Jesús!».

Algunas personas usan ese nombre casualmente o incluso como una mala palabra, pero —para mí— es el nombre que invoco en los mejores y los peores momentos, cuando la vida se desmorona y cuando se está acomodando. No tuve muchas palabras elegantes ese día. Solo uno. Su nombre. Un nombre que me conecta a la fuente de la paz.

Mi esposo, Barry, había estado en el cuarto de la lavandería, y cuando me escuchó llorar, corrió al estudio para ver si me habían raptado.

—¿Estás bien? —preguntó.

—Estoy bien —dije, asintiendo con la cabeza y sonriendo.

Cuando pierdes todo lo que has escrito sobre la oración, ¿qué haces?

¡Orar!

Al fin encontré mi carpeta guardada con un nombre diferente, pero el Espíritu Santo me enseñó una lección ese día durante aquellos pocos momentos de pánico: la oración debería ser mi primera respuesta a todo. Como dijo una vez Corrie Ten Boom: «¿Es la oración tu llanta de repuesto o tu volante?».[1] En otras palabras, ¿es la oración lo que te guía en cada momento de la vida o es algo a lo que recurres solo en una emergencia?

No sé a qué te enfrentas en este momento. Puede que te encuentres en un lugar muy difícil y orar sea muy difícil, pero ¿sabes que una de las oraciones más poderosas que puedes decir es solo una palabra, el nombre de Jesús?

En cualquier sitio.

En cualquier momento.

En cualquier lugar.

En cualquier situación.

Cuando tienes una relación con Jesús, la oración no es algo que *haces*; es lo que *eres*.

Simplemente quiero que sepas que si has batallado o luchas con la oración, yo también. Me he comprometido a levantarme temprano y orar durante una hora y me he quedado dormida en el suelo a mitad de camino. He orado para perder peso y he aumentado dos kilogramos. He orado con fe para que alguien fuera sanado y lloré lágrimas amargas en su funeral. He orado «de acuerdo a tu voluntad» y he sido reprendida por otros que dijeron que estaba orando con falta de fe.

Hemos complicado demasiado la oración. La oración es simplemente hablar y escuchar al Único que está locamente enamorado de ti. Si vives hasta los cien años, nunca conocerás a nadie que te ame como lo hace Jesús. Aunque tuvieras el mejor padre del mundo, ni siquiera se compara con tu Padre celestial que anhela escuchar de ti. Tu anhelo invita su presencia. Puesto que la oración es vital para la fe, pensamos que se supone que debemos saber lo que estamos haciendo y, por eso, a menudo tememos hacer preguntas. Pero todos las tenemos. Al crecer en Escocia, sé que lo hice. Solo se necesitó la oración sincera y severa de una persona para que nos abriera el camino a todos.

Franca y real

Me doy cuenta, en retrospectiva, de que amenazar con golpear a alguien en una reunión de oración no está técnicamente alineado con las Escrituras, pero —en ese momento— la tentación era muy grande para soportarla. Era domingo por la noche, y los catorce miembros de nuestro grupo juvenil nos habíamos reunido en el salón del piso inferior de nuestra pequeña iglesia bautista para la reunión semanal. Nos sentamos en círculo en el piso de madera y, después de algunos coros acompañados por una guitarra ligeramente desafinada, nuestro líder juvenil sugirió que pasáramos a la oración. Dijo que él comenzaría e invitó a participar a cualquiera que quisiera orar. Nos recordó que no había presión para ello, pero después que él oró, el que estaba a su izquierda tenía que orar, luego el siguiente y luego el siguiente. Como fichas de dominó, a cada uno de nosotros nos tocó el turno. La mayoría eran oraciones cortas; una fue tan larga que era difícil no sucumbir a una siesta, pero —a juzgar por los leves ronquidos de dos personas— alguien ya lo había hecho. Cuando llegó mi turno, por lo que recuerdo, le agradecí a Dios por amarme, por mis amigos y por el hecho de que acabábamos de tener tres días seguidos sin lluvia (la costa oeste de Escocia es muy húmeda). Después de mi «amén», hubo una pausa. Sentado a mi izquierda estaba «Bobbie». No tenía mucho asistiendo a nuestra iglesia; por lo que todo sobre el cristianismo y la fe era bastante nuevo para él. Estaba a punto de susurrarle que no tenía que orar cuando empezó a hacerlo.

«Jesús. Muchas gracias por todo. Gracias por tu sangre que nos limpia mucho más que Tide o cualquier detergente. Por dentro y por fuera... amén».

Hubo una pausa incómoda; luego uno de los chicos del grupo se echó a reír.

«¡No puedes hablar con Dios así! —le dijo—. ¡Él no es tu amigo!».

Bobbie enrojeció, en ese momento me puse en pie y estaba a punto de golpear al otro chico en la boca cuando nuestro líder juvenil me dijo que me sentara y me comportara como cristiana.

«Creo que fue la mejor oración de la noche», dije entre lágrimas.

«¡Jesús es tu amigo, Bobbie, y su sangre tiene poderes de limpieza asombrosos!».

Mi mejor amiga se deslizó hacia donde estaba sentada en el círculo y me entregó su pañuelo.

«¿Por qué no tenemos un momento de oración silenciosa?», sugirió alguien y todos nos calmamos. El resto de esa tarde continuó en una conversación real, franca, sin preguntas, sin juicios sobre la oración. Todo fluyó.

¿Hay una manera correcta de orar?

¿Hay palabras correctas que deberíamos usar?

¿Deberíamos arrodillarnos?

¿Tenemos que cerrar los ojos?

¿Cómo sabemos por qué orar?

Si Dios no responde, ¿es porque está enojado con nosotros?

¿Podemos pedir cualquier cosa o tiene que ser algo sagrado?

¿Por qué Dios responde a unas oraciones y a otras no?

¿Tiene Dios favoritos?

¿Responde Dios alguna vez?

¡La incómoda oración!

La discusión que tuvimos esa noche permaneció conmigo por mucho tiempo. También yo me había preguntado sobre todas esas cosas. Tenía dieciséis años y estaba apasionada por Jesús, pero mi pasión era más hablar acerca de Él con otras personas que hablar con Él. Pensaba que realmente la oración incomodaba. ¿Alguna vez te has sentido así? Tal vez escuchaste a alguien más orar y te lució tan «correcto», tan sagrado, que sabías que no se te ocurriría nada parecido, por lo que decidiste no orar. Lo entiendo. Tenía muchas ganas de decir las cosas correctas, pedir las cosas correctas, pero no sabía con certeza cuáles eran. Cada vez que oraba, repetía las mismas cosas una y otra vez; y estaba convencida de que Dios estaba aburrido de mí, decepcionado con mis oraciones. Quizás si hablaba con otras personas acerca de Él, entonces se complacería conmigo. Sin embargo, mi compromiso de hablar con los demás a veces rayaba en que me convirtiera en una absoluta perturbación pública.

Recuerdo una noche en un autobús que se dirigía a la ciudad cuando un hombre distraído se sentó a mi lado. En ese entonces se permitía fumar en el transporte público, por lo que sacó un paquete de cigarrillos. Incapaz de encontrar su encendedor, se volteó hacia mí y me preguntó si tenía luz (o fuego). *Qué forma de abordarme*, pensé, fue como una bombilla que se encendió en mi cabeza, más brillante que todas las luces de Las Vegas. Aquí estaba la prueba de que Dios responde y contesta la oración. Esa misma mañana había orado para tener la oportunidad de compartir mi fe, y ya tenía un potencial converso. Me volteé para verlo y con mi voz más franca y convincente —esperanzada— respondí: «¡Sí! Tengo la luz del mundo». Y se fue a otro puesto.

En esas instancias de mi vida, equiparaba la oración con los resultados. Si no veía resultados, imaginaba que Dios no escuchaba mi oración o que pensaba que era un poco inestable, como aquella oración de mi abuelo que decía: «Hazme un buen chico». Piensa en tus primeras oraciones. ¿Recuerdas si orabas cuando eras niña? Quizás no fuiste criada en un hogar de oración. O puede que te hayan criado en una tradición en la que las oraciones eran escritas y recitadas, por lo que la idea de clamar a Dios de una manera franca y real —cuando estás en una dificultad— se siente extraña o incorrecta. Tal vez oraste firmemente por algo y Dios no respondió, así que te preguntas: ¿*Por qué molestar?* Mis primeros recuerdos de la oración en la infancia se dividen en dos categorías: una, la oración que mamá nos enseñó a decir cada noche a mi hermana y a mí; y dos, las extrañas oraciones que mamá pronunciaba cuando estábamos en una situación difícil.

Después de la muerte de mi padre, vivimos en una residencia del gobierno. Debido a que teníamos un ingreso muy limitado, mi hermana, mi hermano y yo recibíamos comidas escolares gratuitas, pero aún debíamos tener el uniforme escolar correcto. Al comienzo de un nuevo término en particular, mi hermano tuvo un crecimiento acelerado. Sus pantalones eran demasiado cortos y mamá no tenía dinero extra ese mes. Entonces, después de la cena, nos pidió que nos reuniéramos alrededor de su silla mientras explicaba que íbamos a pedirle a Dios unos pantalones escolares para mi hermano. La idea me fascinó. ¿Los ángeles usan pantalones largos? ¿Dios guarda repuestos en el cielo? Después de que ella dijo: «Amén», me senté allí un rato preguntándome si bajarían por la chimenea, pero no pasó nada. Unos días después, una amiga vino a nuestra casa a tomar el té con mi madre y, cuando se fue, puso un paquete en el sofá. En él había tres pares de pantalones largos de la talla de mi hermano. Le pregunté a mamá si le había hablado a su amiga de nuestra necesidad y ella me recordó: «No, se le dijimos al Señor». Ella no usó palabras elegantes ni lenguaje sagrado; solo dijo lo que necesitábamos. No le asombró la respuesta de Dios, pero yo quedé extremadamente sorprendida.

Esta información era nueva. Podía orar y pedirle a Dios lo que quisiera y Él lo enviaría. Como puedes imaginarte, las cosas no funcionaron así. Davy Jones, del grupo musical The Monkees, no apareció en mi puerta prometiéndome amor eterno, pero lo superé.

En este momento, quiero que sepas una verdad simple: Dios escucha tus oraciones. Él te ama y quiere una relación contigo, pero construimos relaciones hablando y escuchando. Si te encuentras en una circunstancia difícil en este momento, recuerda que cuando no tengas palabras qué decir, cuando estés luchando por comunicar lo que hay en tu corazón, hay poder en el nombre de Jesús (¡la oración no incomoda!).

Solo comienza a hablar

Recibí un mensaje en mi página de Facebook de una joven que dijo que amaba a Jesús pero que no podía soportar estar cerca de los cristianos. Escribió que se sentía más juzgada en su pequeño grupo de la iglesia que en cualquier otro lugar. Alguien la había corregido por una inexactitud teológica en su oración y estaba devastada. Quería alejarse, darse de baja y dejar de orar.

Eso me entristeció mucho. El enemigo de nuestras almas quiere traer tanta división al cuerpo de Cristo como sea posible. Si eres joven en tu fe y otro creyente quiere echarte abajo, la tentación es descartar todo lo que crees que es verdad. Si alguna vez has experimentado ese tipo de dolor, puede ser devastador. Lo recuerdo bien.

Cuando fui al seminario a los diecinueve, fue mi primer encuentro con cristianos de todas las denominaciones y casi todas las naciones del mundo. Me emocionaba estar en un campus con cientos de creyentes, ya que éramos muy pocos en mi pequeño pueblo en Escocia. Además de mis clases, me inscribí en cada grupo de oración anunciado en la cartelera que estaba en la sala común de estudiantes. Oramos por África, por India, por las madres solteras, por la reina, por los compañeros de estudios. Por lo que fuera, oramos por ello.

La mayoría de los chicos en mis clases eran cariñosos y amigables. Fueron algunas de las mujeres las que tuvieron algún inconveniente conmigo al principio. Yo era una de las estudiantes más jóvenes. Muchas tenían más de treinta años y, según supe, no aprobaban la forma como me vestía. Ahora, antes de que tu mente evoque imágenes de una cómoda coqueta, yo era la antítesis de eso. Siempre he sido muy modesta. De hecho, si alguien hubiera inventado trajes de baño con cuello de tortuga, habría comprado acciones en esa empresa. Pero me gustaban las botas y los colores brillantes, y aparentemente eso no encajaba con su norma divina. Estaba caminando por el campus una tarde con mis lustrosas botas rojas cuando vi a un grupo de estudiantes reunidas en lo que claramente era un círculo de oración en el césped. Me emocionó unirme a ellas, pero —cuando me acerqué— escuché mi nombre.

Señor Jesús:

Oramos, ahora mismo, por Sheila Walsh para que vea el error de sus costumbres y empiece a vestirse como una joven cristiana y no como una Jezabel.

Me horroricé al darme cuenta de que me veían así. Todo lo que sabía sobre Jezabel era que amenazó con matar al profeta Elías. ¡Yo no tenía idea de lo que ella usaba! Yo era una adolescente tímida. Nunca tuve un novio. La ira de mi padre y, en última instancia, su suicidio había destrozado mi confianza en los hombres. Pero pensé que estaría a salvo en el seminario, donde la gente tenía un compromiso común con Jesús, particularmente entre las mujeres. Estaba devastada. Regresé corriendo a mi dormitorio y me abalancé sobre la cama, sollozando con el corazón profundamente destrozado. Me sentía agraviada. Cada cosa negativa que alguna vez pensé sobre mí apareció rápidamente, más fuerte ahora, más convincente puesto que esas mujeres le habían hablado a Dios de mí, a mis espaldas.

Decidí hablar con el director del seminario y decirle que tenía que irme. Era claro que no pertenecía a ese lugar. La secretaria del doctor Kirby programó una cita para el día siguiente. Gilbert Kirby ya está con el Señor, pero fue uno de los mayores regalos de Dios para mí. Llamé suavemente a la puerta de su oficina y él me invitó a entrar. Escuchó todo lo que fluía de mí, luego habló sobre el amor y la gracia de Dios que nos invita a venir como somos. Me pidió que me quedara en la universidad, que perdonara a las «mujeres que oraban» y que —todos los días— siguiera siendo lo que yo era. Fue la primera persona en dirigirme a un salmo que ha sido una fuente de consuelo y fortaleza desde entonces.

> Busqué al SEÑOR, y él me respondió;
>> me libró de todos mis temores.
> Los que lo miran están radiantes;
>> jamás su rostro se cubre de vergüenza.
> Este pobre clamó, y el SEÑOR lo oyó
>> y lo libró de todas sus angustias.
> El ángel del SEÑOR acampa en torno a los que le temen;
>> a su lado está para librarlos.
> Prueben y vean que el SEÑOR es bueno;
>> dichosos los que se refugian en él.
> Los justos claman, el SEÑOR los oye;
>> los libra de todas sus angustias.
> El SEÑOR está cerca de los quebrantados de corazón,
>> y salva a los de espíritu abatido. (Salmos 34:4-8, 17-18)

Regresé a mi dormitorio y subrayé esos versículos en mi Biblia. Puse una marca especial al lado de este verso: «Este pobre clamó, y el SEÑOR le oyó». La idea era muy simple. Parecía demasiado bueno para ser verdad. Me preguntaba si era particularmente cierto para David, ya que él era el ungido de Dios, el que llegaría a convertirse en rey, o si era una promesa para todos nosotros. Ahora tengo claro que podemos leer la Biblia, podemos estudiarla; pero si no sabemos cómo aplicar el poder de la Palabra viva de Dios a nosotras mismas, permaneceremos sin cambios. Cuando las palabras de este salmo se apoderaron de mí, pude sentir que la vergüenza comenzaba a desvanecerse. Había estado en la iglesia toda mi vida, pero nunca había entendido completamente cuán personal es el amor de Dios, cómo habla Él a través de su Palabra en este mismo momento en medio de lo que sea que estemos enfrentando.

Permanecí en el seminario, tomando en serio las amables palabras del doctor Kirby. Creo que he tomado esa parte de ser yo misma demasiado literalmente.

En mi segundo año, se hizo evidente que a veces la oración no es más que una prosa cuidadosamente diseñada para impresionar a los demás. Los estudiantes residentes almorzaban cada día en el comedor del seminario. Era un asunto bastante formal, por lo que todos los profesores se sentaban completamente vestidos en la mesa principal. Cada viernes un estudiante era elegido para dar gracias. Algunos oraban pensando que estaban siendo calificados por sus oraciones. Déjame darte una muestra. Perdóname si esto suena un poco irreverente, pero algunos días la comida se enfriaba antes de que terminaran de dar gracias.

Querido Dios de Abraham, Isaac y Jacob:

Vengo ante ti ahora con un corazón lleno de alabanzas, pero también inquieto. De hecho, como dijo Agustín: «Nuestros corazones están inquietos hasta que descansen en ti». Los hijos de Israel deambularon cerca de cuarenta años en el desierto, pero de tus abundantes recursos los alimentaste como nos alimentas hoy. Y ahora, Dios de Moisés, Elías y todos los profetas menores, hoy has extendido un banquete delante de nosotros...

Era mucho más tiempo, pero esto te da una idea. Bueno, un viernes después de semanas de dar gracias que podrían haber sido casi tan buenas como las *Confesiones de San Agustín*, me pidieron, sin previo aviso, que diera la bendición. Me puse de pie y dije:

Pan de Dios, divino sustento
¿Qué haces afuera? ¡Ven para adentro!
Gracias, Señor. Amén.

Si el silencio puede ser terrible, la atmósfera en el comedor ese día estuvo preñada de desprecio. Lo que rompió el silencio fue que Gilbert se reía a carcajadas.

«¡Corto y al grano!», dijo mientras todos disfrutamos de un almuerzo caliente.

Todos tenemos historias. Tú y yo podríamos sentarnos y hablar por horas sobre nuestras experiencias, lo bueno, lo malo y lo feo; pero mi consejo es el siguiente: no te preocupes si tus palabras son correctas o incorrectas. Solo empieza. Comienza a hablar. Dios está escuchando.

Él está escuchando

Por dos años, he sentido un fuerte llamado a la oración. Me levanto por la mañana y eso está conmigo, no como una voz de condenación que dice: «¡Deberías orar más!»; es más como un sentimiento que brota dentro de mí indicando que Dios está en movimiento e instando a sus hijas a ser parte de lo que está a punto de hacer. Es por eso que escribí este libro, no para hacerte sentir culpable por lo mucho o poco que ores, sino para decirte que hay un Dios en el cielo que te ama y que está escuchando. La oración activa el poder de Dios.

Mientras escribo este libro, estoy orando por ti y pidiéndole a Dios que nos enseñe todo el poder de la oración de una manera novedosa y fresca. La oración es, a menudo, el arma que se encuentra guardada en el armario, empacada en la parte posterior con los viejos adornos navideños. Queremos llegar a ser guerreras de oración algún día, pero ese día parece que nunca llega, y la oración es demasiado importante para eso. No hay nada que a Satanás, nuestro enemigo, le encantaría más que los cristianos dejaran de orar o que nunca comenzaran a hacerlo. Por los primeros treinta años de mi vida, elevaba oraciones largas y cortas, pero el punto de inflexión para mí —con respecto a la oración— llegó cuando ya no me quedaban palabras.

Cuando fui hospitalizada con depresión clínica severa, en 1992, todas mis palabras habían desaparecido. La joven en mí que había decidido seguir a Jesús a los once años estaba muy decepcionada con lo que me había convertido. Había prometido ser perfecta —no decepcionar a Dios nunca— y aquí estaba, en el suelo, vacía. Las únicas palabras que pude orar en silencio fueron estas: «Ayúdame, por favor».

Esas palabras no me parecieron una oración. Las escuché como palabras de derrota total. Eran los sonidos de una mujer ahogada, pero creo que Dios las escuchó como palabras sinceras de rendición. Por primera vez en mi vida admití, ante Dios y ante mí misma, que estaba en problemas, que no podía salvarme. Había escuchado y orado algunas oraciones extraordinarias a lo largo de los años, pero aquí estaba como una niña otra vez. Emitiendo solo tres palabras: «Ayúdame, por favor». Cuando ya no me quedaban palabras, estas tres cambiaron mi vida.

La oración más sincera que puedes hacer

Una de las oraciones más sinceras y desesperadas registradas en las Escrituras fue la de un hombre que se estaba ahogando. ¿Recuerdas la historia?

En seguida Jesús hizo que los discípulos subieran a la barca y se le adelantaran al otro lado mientras él despedía a la multitud. Después de despedir a la gente, subió a la montaña para orar a solas. Al anochecer, estaba allí él solo, y la barca ya estaba bastante lejos de la tierra, zarandeada por las olas, porque el viento le era contrario.

En la madrugada, Jesús se acercó a ellos caminando sobre el lago. Cuando los discípulos lo vieron caminando sobre el agua, quedaron aterrados.

—¡Es un fantasma! —gritaron de miedo.

Pero Jesús les dijo en seguida:

—¡Cálmense! Soy yo. No tengan miedo.

—Señor, si eres tú —respondió Pedro—, mándame que vaya a ti sobre el agua.

—Ven —dijo Jesús.

Pedro bajó de la barca y caminó sobre el agua en dirección a Jesús. Pero, al sentir el viento fuerte, tuvo miedo y comenzó a hundirse. Entonces gritó:

—¡Señor, sálvame!

En seguida Jesús le tendió la mano y, sujetándolo, lo reprendió:

—¡Hombre de poca fe! ¿Por qué dudaste? (Mateo 14:22-31)

Los discípulos estaban agotados tras un largo y milagroso día en la montaña. Cinco mil hombres (probablemente una multitud de al menos ocho o nueve mil personas, contando mujeres y niños) habían sido alimentados con el almuerzo de un chico. No solo eso, sino que habían dejado doce cestas de comida, una para cada discípulo. Ese fue un mensaje visual que decía: «Nunca se ha tratado de que tengas suficiente; siempre se tratará de que yo sea tu más que suficiente». Después de que la multitud fue alimentada, Jesús los despidió. Subió a la árida cima de la montaña para estar solo y orar después de haber insistido en que los discípulos subieran a un bote y emprendieran el viaje de ocho kilómetros desde Betsaida hasta Genesaret.

Pronto los discípulos estaban remando de frente al viento, rodeados de altas olas. Tormentas violentas como esa podían desatarse en el Mar de Galilea sin previo aviso. Eran las tres de la mañana cuando vieron una figura caminando hacia ellos en el agua. En aquellos días había creencias supersticiosas de que los demonios habitaban el agua, por lo que los discípulos se aterrorizaron al ver a alguien caminando sobre la superficie de las olas. Pensaron que la figura era un fantasma, pero Jesús inmediatamente los tranquilizó. «¡Cálmense! Soy yo. No tengan miedo».

Para los discípulos, cada día revelaba algo nuevo sobre Cristo. Ellos vieron que podía convertir el agua en el mejor vino. Podía curar a los enfermos. Podía alimentar a un ejército con casi nada. Pero ahora esto. Podía caminar sobre el agua. Entonces Pedro preguntó: «Señor, si eres tú, mándame que vaya a ti sobre el agua». En respuesta a aquellos que querían ver a Jesús hacer milagros como si fuera un artista secundario, Jesús se negó, pero a la pequeña medida de fe que estaba creciendo en Pedro, Jesús respondió diciendo: «Ven». Pedro puso una pierna sobre el costado del bote y luego la otra. ¿Te imaginas lo que pensaron sus amigos cuando lo vieron caminar sobre el agua? No sabemos qué tan lejos llegó o cuán distante estaba Jesús del bote, pero cuando Pedro apartó sus ojos de Jesús por un momento y comenzó a mirar el tamaño de las olas, entró en pánico y comenzó a hundirse. Esa noche pronunció una de las oraciones más sinceras, desesperadas y poderosas que cualquiera de nosotras pueda expresar: «¡Sálvame, Señor!». Inmediatamente, Jesús extendió la mano y lo agarró. Mateo continúa diciéndonos que «cuando volvieron a subir al bote, el viento se detuvo» (v. 32).

¡Ayúdame, Señor! ¡Sálvame, Señor!

Este tipo de oración reconoce algo que siempre es cierto, pero que no siempre conocemos: no podemos salvarnos a nosotros mismos. Esta es una oración de rendición absoluta. Cuando pronuncié esa oración entre sollozos, en el piso de mi habitación del hospital, las palabras del salmo que mi querido amigo y mentor —Gilbert Kirby— había compartido conmigo, me invadieron en oleadas:

> El Señor está cerca de los quebrantados de corazón,
> y salva a los de espíritu abatido. (Salmos 34:18)

Si esa es tu situación en este momento, te invito a que lo llames. No necesitas palabras elegantes ni incluso mucha fe. Simplemente comienza ahí donde estás. Si te sientes impura, te recuerdo las palabras de Bobbie: la sangre de Jesús te lava mejor y te deja más blanco que Tide o cualquier detergente. Realmente lo hace.

Amar a Dios no tiene que ver con religión sino con relación. La oración no se trata de palabras correctas; se trata del corazón correcto.

Puedo observar que algunas de ustedes han caminado con Jesús por mucho tiempo. Algunas de ustedes son guerreras de oración e intercesoras, por lo que les estoy muy agradecida. Gracias por su fidelidad. Pero algunas de ustedes están leyendo este libro porque intentaron orar en el pasado y sentían como que sus oraciones no llegaban ni al techo, y simplemente abandonaron. O quizás oraste por algo que realmente importaba, algo que te cambiaría la vida, y Dios no respondió, o ciertamente en ninguna manera que fuera sensata para ti. Te pregunto, ¿estarías dispuesta a abrir tu corazón a la posibilidad de comenzar de nuevo? Creo con todo mi ser que Dios quiere tener una relación real contigo. Amar a Dios no tiene que ver con religión sino con relación. La oración no se trata de palabras correctas; se trata del corazón correcto. Dios te conoce y te ama como eres, ahora mismo. Puedes comenzar con un simple: «¡Ayúdame, Señor!».

> En mi angustia invoqué al Señor;
> clamé a mi Dios por ayuda.
> Él me escuchó desde su Templo;
> ¡mi clamor llegó a sus oídos! (Salmos 18:6)

Aunque no sepas qué decir, solo habla con Dios: Él está escuchando.

Las mujeres
que oran saben
que es bueno
comenzar desde
donde están.

RECORDATORIOS DE ORACIÓN

1. La oración es simplemente hablar de manera franca con Dios.
2. Cuando no sepas por dónde empezar, la oración más simple —pero más poderosa— solo consta de una palabra: Jesús.
3. La oración no consiste en usar las palabras correctas; consiste en tener el corazón correcto.

UNA ORACIÓN CUANDO NO SEPAS QUÉ DECIR

Padre:

No tengo palabras refinadas, pero tengo un corazón que quiere conocerte mejor. Gracias porque estás escuchando cada palabra. Amén.

Ora porque Dios te está esperando

Las mujeres que oran creen que Dios está oyendo en este momento.

La oración es la forma más concreta de basar nuestro hogar en Dios.

Henri Nouwen

Por eso el Señor los espera, para tenerles piedad;
   por eso se levanta para mostrarles compasión.
Porque el Señor es un Dios de justicia.
   ¡Dichosos todos los que en él esperan!

Isaías 30:18

Me desperté por el ruido de nuestros dos perros, Maggie y Tink, que ladraban como si hubiéramos sido invadidos por una manada de gatos. Saltaban de un lado a otro por la puerta del dormitorio, claramente enardecidos. Miré mi teléfono. Eran poco antes de las siete de la mañana cuando me acerqué para despertar a Barry y me di cuenta de que su lado de la cama estaba vacío. Me sorprendió. Cualquiera de nosotros que se despierte primero por la mañana siempre lleva a los perros afuera, por lo que el hecho de que Barry no estuviera allí, y los perros sí, era inusual. Salí de la cama y, cuando llegué a la puerta del dormitorio, me detuve. Me di cuenta de por qué ladraban los perros. Unos ruidos fuertes venían de abajo. Parecía que alguien estaba revolviendo nuestros muebles. *¿Qué está haciendo Barry?*, me preguntaba. Entonces, un pensamiento horrible apareció en mi mente. *¿Y si no es Barry? ¿Qué pasa si nos están robando y lo han noqueado?*

Llamé a su teléfono celular y fue al correo de voz. Esto no está bien. Miré alrededor de la habitación en busca de un arma potencial. Todo lo que pude encontrar fue un par de botas de tacón alto.

¡No estamos preparados para defendernos! —pensé—, *deberíamos jugar al golf. Soy escocesa. Debería tener palos de golf aquí arriba.*

Decidí que estaba exagerando. Quizás Barry había sacado a los perros antes y los había vuelto a traer arriba, y ahora había bajado por algo, lo cual no era inusual en nuestra casa. Somos una familia de excursionistas. Llevé una bota conmigo por si acaso. En el momento en que abrí la puerta del dormitorio, los perros salieron escaleras abajo, ladrando todo el trayecto. Balanceando mi bota, seguí. Vivimos en una casa adosada de tres niveles, y cuando los perros llegaron a la planta baja, dejaron de ladrar. Esa fue una muy buena señal o una muy mala señal.

Llamé a Barry.

Nada.

Llamé de nuevo y escuché un ahogado: «¡Buenos días!».

Bajé mi «arma» y me dirigí al nivel inferior, donde encontré a Barry y los perros en el armario debajo de las escaleras hasta las barbillas en cajas, mantas y adornos navideños. Este es nuestro clóset, en el que tiramos las cosas que no sabemos dónde ponerlas.

—¿Qué estás haciendo? —pregunté mientras intentaba atravesar el desorden esparcido por todo el piso.

—Estoy limpiando el armario —dijo.

—¿A las siete de la mañana? —pregunté—. ¿Por qué? ¿Dónde vamos a poner todo esto?

—No sé —dijo—. Pero esto... —hubo una pausa reverente mientras hacía un gesto hacia el clóset—. Este es nuestro nuevo cuarto de oración. He estado pensando en esto durante semanas, ¡y aquí está!

—¡Ahhh! —dije—. ¿Qué más había qué decir?

Pasamos el resto del día buscando nuevos lugares para poner las cosas para las que no teníamos sitio. La mayoría de ellas terminaron apiladas en el garaje o debajo de las camas. Pasé la aspiradora y, esa noche, Barry tenía el cuarto tal como lo quería. Bajó sus libros devocionales favoritos, su Biblia y un diario. Me gustó la idea de un lugar tranquilo y me uní al «clóset de oración en equipo». Pensé que sería bueno tener un lugar específico donde pudiéramos cerrar la puerta y dedicar tiempo para estar a solas con Dios. O eso creí.

El primer día, Barry se dio cuenta de que cuando cerraba la puerta, la luz se apagaba, así que llevó una linterna con él. No me gustó esa idea, así que traje tres velas, que funcionaron hasta que se me cayó una y prendí fuego a mi devocional *Manantiales en el desierto*.

Al día siguiente, Barry oró por mucho tiempo, tanto que me preocupó un poco. Entonces abrí la puerta y lo encontré profundamente dormido en el suelo con los perros acurrucados a su lado.

Al final de la primera semana, me había golpeado la cabeza contra la inclinación del techo dos veces, tenía que abrir la puerta del sótano para dejar que los perros entraran en todo momento y descubrí que soy claustrofóbica. A Barry, es triste decirlo, no le fue mejor. Su experimento en el clóset de oración había fallado. Intentar encontrar un lugar sagrado no funcionó para nosotros. Pero la verdad es que Dios no está buscando un lugar sagrado para reunirse con nosotros. Gracias a Jesús, somos el lugar santo, y Dios siempre está esperando encontrarse con nosotros, donde sea que estemos.

En un clóset

En la ducha

En una oficina.

En un auto.

Mientras paseamos al perro.

Mientras esperamos en la fila del supermercado.

En una cita de quimioterapia.

En cualquier sitio. En todas partes.

Esta verdad es abrumadora. Dios nos invita a ti y a mí a acudir a su presencia. Aquellos que vivieron antes del tiempo de Cristo nunca podrían haber imaginado tal invitación. En el Antiguo Testamento, las personas no tenían acceso directo a Dios. Dios es santo y nosotros no. Sin embargo, Dios quería que su presencia estuviera con su pueblo, por lo que le dijo a Moisés: «Haz que los israelitas me construyan un santuario para que yo habite en medio de ellos» (Éxodo 25:8 NTV).

No sé si alguna vez has visto una foto o una maqueta del templo de Jerusalén; había un patio exterior donde los sacerdotes podían ir a ofrecer sacrificios, pero al Lugar Santísimo, donde descansaba la presencia de Dios y su gloria, solo se podía entrar una vez al año y únicamente el sumo sacerdote. Un velo bordado, del ancho de la mano de un hombre, separaba el Lugar Santo del Lugar Santísimo, pero la vida y la muerte de Jesús lo cambiaron todo. Su último grito desde la cruz rasgó el velo bordado en dos.

Entonces Jesús, lanzando un fuerte grito, expiró. La cortina del santuario del templo se rasgó en dos, de arriba abajo. (Marcos 15:37-38)

Me encanta que leímos que fue rasgado de arriba a abajo. Solo Dios pudo haber hecho eso. Él estaba diciéndonos a ti y a mí: «Entra. Te estoy esperando». La barrera entre Dios y la humanidad se rasgó en dos.

¿En qué concuerdan el templo de Dios y los ídolos? Porque nosotros somos templo del Dios viviente. Como él ha dicho: «Viviré con ellos y caminaré entre ellos. Yo seré su Dios, y ellos serán mi pueblo». (2 Corintios 6:16)

Ahora saco mi Biblia y una taza de café, y me siento afuera con mi Padre en la silla del jardín. Barry saca a pasear a los perros y, mientras camina, ora en voz alta cuando cree que está solo. Es una gran sorpresa para algunos de nuestros vecinos. Piensan que está un poco loco. ¡Hasta ahora no me han llamado como testigo!

La verdad es que no hay un lugar adecuado para encontrarse con Dios. Es posible que tengas un cuarto de oración y que sea el lugar perfecto para ti. Es posible que tengas una silla favorita para sentarte o un lugar en el que te guste caminar. La conclusión es que donde sea que elijas, descubrirás que Dios te está esperando. Dios no está esperando que tengas un lugar perfecto; tú eres el lugar perfecto para que Dios more. Dios no está afuera esperando que lo encuentres; Él está aquí, contigo ahora mismo cuando invocas su nombre.

> El Señor está cerca de quienes lo invocan,
> de quienes lo invocan en verdad. (Salmos 145:18)

Si todavía te preguntas por dónde comenzar, qué decir, una de las oraciones más poderosas e íntimas que me agradan porque invita a la presencia de Dios es esta: «Ten piedad, de mí oh Dios».

La oración que Dios atiende

Jesús habló mucho acerca de la oración. En primer lugar, veamos Lucas 18, que cuenta una historia sobre dos hombres que se veían de manera muy diferente a los ojos de Dios. Un hombre pensaba que merecía el amor de Dios mientras que el otro no.

Jesús contó esta historia. Puede parecer una declaración obvia, pero este hecho es formidable para mí. La historia no transmite solo los pensamientos de aquellos que amaron a Jesús a través de los siglos. Estas son sus palabras, su regalo para nosotros para que podamos aprender sobre el tipo de oración que Dios atiende.

Observemos a los dos hombres parados en lugares muy diferentes del templo. El sitio donde están parados dice mucho de quiénes son. Uno entró directamente como si fuera el invitado de honor. El otro se detuvo; ni siquiera levantaba la cabeza. Es tentador leer la parábola como una historia para ese momento solo y extrañar lo que Jesús está diciendo. Pero cuando Jesús contaba una parábola como esa, sostenía una imagen para que todos la vieran. Aquí está ilustrando dos tipos de actitudes ante Dios, dos tipos de oración:

1. Acudir a Dios con justicia propia
2. Acudir a Dios quebrantado y humillado

Luego Jesús contó la siguiente historia a algunos que tenían mucha confianza en su propia rectitud y despreciaban a los demás: «Dos hombres fueron al templo a orar. Uno era fariseo, y el otro era un despreciado cobrador de impuestos. El fariseo, de pie, apartado de los demás, hizo la siguiente oración: "Te agradezco, Dios, que no soy un pecador como todos los demás. Pues no engaño, no peco y no cometo adulterio. ¡Para nada soy como ese cobrador de impuestos! Ayuno dos veces a la semana y te doy el diezmo de mis ingresos".

»En cambio, el cobrador de impuestos se quedó a la distancia y ni siquiera se atrevía a levantar la mirada al cielo mientras oraba, sino que golpeó su pecho en señal de dolor mientras decía: "Oh Dios, ten compasión de mí, porque soy un pecador". Les digo que fue este pecador —y no el fariseo— quien regresó a su casa justificado delante de Dios. Pues los que se exaltan a sí mismos serán humillados, y los que se humillan serán exaltados». (Lucas 18:9-14 NTV)

Los muy consagrados de aquellos tiempos oraban tres veces al día, a las nueve de la mañana, al mediodía y a las tres de la tarde. Se creía que las oraciones más efectivas eran las ofrecidas en el templo y ahí es donde nos encontramos con esos dos hombres. Lo primero que queda claro de esta historia es que las personas autojustificadas piensan que Dios las aprueba por lo que hacen y lo que no hacen. Es una religión centrada en mí. El fariseo no tenía idea de su propia necesidad de la misericordia de Dios porque estaba cumpliendo las reglas, no solo cumpliéndolas sino excediéndolas. Dejó en claro en su oración que ayunaba dos veces por semana a pesar de que los judíos debían ayunar solo un día al año, en el Día de la Expiación.

«Este será para ustedes un estatuto perpetuo, tanto para el nativo como para el extranjero: El día diez del mes séptimo ayunarán y no realizarán ningún tipo de trabajo. En dicho día se hará propiciación por ustedes para purificarlos, y delante del SEÑOR serán purificados de todos sus pecados. Será para ustedes un día de completo reposo, en el cual ayunarán. Es un estatuto perpetuo». (Levítico 16:29-31)

¡El fariseo era un triunfador! Aquellos que querían un mérito especial con Dios a través de su propio comportamiento ayunaban los jueves y los lunes. Se creía que Moisés subió al Monte Sinaí para recibir los Diez Mandamientos un jueves y bajó de regreso un lunes, por lo que estos días eran vistos como más sagrados que los otros. Aquellos que ayunaban en esos días se blanqueaban la cara y deambulaban por Jerusalén con ropas harapientas. Como los lunes y los jueves eran días de mercado, esas personas tenían garantizado que una audiencia muy grande sería impresionada con su abnegación. El orgullo que muchos en la comunidad religiosa veían como virtud, en aquellos tiempos, apesta a arrogancia para nosotros. Está registrado que un rabino, Simeón ben Jocai, afirma: «Si solamente hay dos hombres justos en el mundo, mi hijo y yo somos esos dos. Si solo hay uno, ¡soy yo!».[1]

Para el fariseo, agradecerle a Dios que no era adúltero, habría sido maravilloso si le hubiera acreditado a Dios el hecho de salvarlo de pecar, pero ese no era su deseo. Observa cuántas veces usa —explícita e implícitamente— el pronombre personal «yo».

[Yo] *te agradezco, Dios...*

[Yo] *no soy como...*

[Yo] *ciertamente no soy como...*

[Yo] *ayuno...*

[Yo] *doy...*

Su oración era básicamente una carta de amor para sí mismo. Él ha guardado y excedido todas las reglas por su propia fuerza, no por la gracia y la misericordia de Dios. Como fariseo, conocía los Salmos y el libro del profeta Isaías, pero había obviado sus exclamaciones de misericordia, la necesidad de ayuda y esperanza. Me imagino que pensó que el rey David debería haber pedido clemencia porque era un pecador, un adúltero. Claramente obviaba que Dios llamó a David un hombre según el propio corazón de Él.

Después de enumerar lo que no hacía mal, se felicita por lo que hacía bien. Diezmaba todos sus ingresos de todo, ¡literalmente de todo! Mateo recuerda esta acusación de Jesús: «¡Ay de ustedes, maestros de la ley y fariseos, hipócritas! Dan la décima parte de sus especias: la menta, el anís y el comino. Pero han descuidado los asuntos más importantes de la ley, tales como la justicia, la misericordia y la fidelidad. Debían haber practicado esto sin descuidar aquello» (Mateo 23:23).

Si le compraste albahaca y tomillo a ese hombre por cinco dólares, cincuenta centavos fueron para el Señor. Esto era bueno y correcto si el acto provenía de un corazón agradecido, pero —debido a que el fariseo creía que sus acciones lo hacían bueno ante Dios— había evadido el mensaje del evangelio. El fariseo se ofendería al pensar que no impresionó a Dios con su oración. Eso no tendría sentido para él.

Aunque no me gusta el fariseo representado aquí, veo un poco de mí misma en él. Muchos años intenté mantener todas las reglas para agradar a Dios. Eso provenía de un punto roto, un lugar donde quería ser amada tanto que hacía todo lo que estuviera a mi alcance para impresionar a Dios. Quería ser perfecta. No veía eso como orgullo. Pensaba que ser perfecta haría que Dios me amara más. Sin embargo, no importa de dónde venga nuestro orgullo, este nos separa de Dios.

Si creemos que somos tan buenas y que, por lo tanto, hemos obtenido la aprobación de Dios o que somos demasiado malas para ser merecedores del amor de Dios, depende de cómo lo veamos. Este es un problema tan grande que deseo quedarme aquí por un momento. Reflexiona en tu propia vida. Cuando oras, ¿cómo vas a Dios? ¿Qué piensas acerca de si te escucha o no? A. W. Tozer, en su obra magistral *La búsqueda de Dios*, escribió esto: «Lo que viene a nuestra mente cuando pensamos en Dios es lo más importante sobre nosotros».[2]

Cuando piensas en Dios, ¿qué te viene a la mente? ¿Crees que Dios está complacido o disgustado contigo? Si está complacido, ¿por qué sí? Y si no, ¿por qué no?

En este momento tengo una amiga que está luchando con una adicción. A ella le va muy bien por un tiempo y luego vuelve a recaer. Hemos tenido conversaciones sobre lo que está sucediendo en su corazón en medio de esta batalla. Cuando está bien, siente que Dios la está animando; y cuando cae, siente que está meneando la cabeza desilusionado y deja de orar. Es muy difícil para nosotras comprender que el amor de Dios por nosotras nunca se basa en nuestro desempeño. Se basa en la obra terminada de Cristo y eso nunca cambia. Ahora, ¿está Dios complacido cuando ella está bien? Estoy seguro de que sí, pero su goce surge de su amor por ella; no se basa en un puntaje que mantiene a favor o en contra de ella.

Dios quiere que todas tomemos decisiones que conduzcan a la vida, pero cuando caemos, su amor sigue siendo el mismo. Esto no tiene ningún sentido terrenal para nosotras porque nunca experimentaremos ese tipo de amor en otro lugar que no sea el trono de la gracia y la misericordia. Si podemos, con la ayuda del Espíritu Santo, comenzar a comprender esta verdad, cambiará no solo cómo nos vemos a nosotras mismas sino también cómo vemos a los demás. El fariseo se distanció del recaudador de impuestos sin darse cuenta de que, en realidad, se estaba distanciando de Dios. Hasta que te rompan el corazón, no puedes verte a ti misma ni a los demás como Dios lo hace. Sé esto en base a mi propia ruptura.

Cuando trabajaba en televisión, presentando un programa cristiano de entrevistas, hacía todo lo posible para ser alguien de quien Dios estuviera orgulloso. Llegaba temprano y me quedaba hasta tarde. Si alguien necesitaba mi ayuda, estaba ahí. Me exigía lo máximo en cuanto a mi necesidad de la aprobación de Dios. Puedes matarte con las drogas y el alcohol, y saber en el fondo que estás arruinando tu vida; pero también puedes matarte trabajando para Dios y pensar que eso es sagrado. Cuando mi vida se vino abajo y terminé en una sala psiquiátrica, supe que había fallado. Me encontré —ensangrentada y magullada en mi alma— en el suelo, esperando que Dios me aniquilara porque lo había decepcionado.

Puedes matarte con las drogas y el alcohol, y saber en el fondo que estás arruinando tu vida; pero también puedes matarte trabajando para Dios y pensar que eso es sagrado.

Sin embargo, Él se sentó conmigo, me consoló y me recibió en su corazón porque me había amado todo el tiempo. Entonces supe que me había abrazado desde antes, pero todo lo que había hecho para que me amara se había interpuesto en el camino. Sentí no solo el amor de Dios de una manera más profunda sino también el amor de otros.

No sé cómo te siente esta idea en este momento de tu vida. Si lo entiendes, me hace muy feliz. Si parece demasiado bueno para ser verdad o incluso suena mal, anhelo que sepas que puedes ir como eres a Dios, que está esperando darte la bienvenida.

El segundo hombre, el que Jesús dijo que fue a su casa justificado ante Dios es el que fue dolorosamente consciente de su pecado. A diferencia del fariseo, el recaudador de impuestos se encontraba en la parte trasera del patio del templo. No marchó al frente como si tuviera derecho a estar allí; se paró con la mirada baja. Es interesante que Jesús dijo que «se golpeó el pecho con tristeza». A la vista de las personas del Medio Oriente, tal acto era visto como verdadera contrición y arrepentimiento. Esto es significativo porque la fuente de la vida espiritual es el corazón.

En mi corazón atesoro tus dichos
para no pecar contra ti. (Salmos 119:11)

Por sobre todas las cosas cuida tu corazón,
porque de él mana la vida. (Proverbios 4:23)

Examíname, oh Dios, y conoce mi corazón;
pruébame y conoce mis ansiedades. (Salmos 139:23)

El fariseo veía a los demás como pecadores; el recaudador de impuestos vio a un solo pecador ante Dios: él mismo. Pronunció una oración humillado y con desesperación. Mantuvo su cabeza hacia abajo sin siquiera levantar la mirada, pero sus oraciones ascendieron al trono de la gracia. «Oh Dios, ten compasión de mí, porque soy un pecador». Su oración no contenía ni siquiera una línea de justificación. «¡Yo sé que el martes arruiné todo, pero el miércoles fue peor!». Todo lo que ofreció en presencia de un Dios santo fue un corazón contrito y humillado.

Las personas que estaban escuchando la historia de Jesús habrían concordado con Él hasta este punto. Por lo que podían ver, todo estaba en orden. El hombre «bueno» ofreció su buena oración, y el hombre «malo» ofreció la única oración que un hombre malo podía ofrecer, pero una vez más, Jesús estaba a punto de cambiar el cuadro.

Les digo que este, y no aquel, volvió a su casa justificado ante Dios. Pues todo el que a sí mismo se enaltece será humillado, y el que se humilla será enaltecido. (Lucas 18:14)

Esto iba en contra de todo lo que entendían acerca de Dios. El pueblo judío fue criado bajo «la carga de la ley». Había 613 leyes establecidas en el Antiguo Testamento. Se dividían en leyes «positivas» y «negativas», cosas que hacer y cosas que evitar. Había 365 no y 248 sí (lo que es interesante es la cantidad de días en el año y la cantidad de huesos en el cuerpo humano, respectivamente. De esta manera, el pueblo judío era llamado a obedecer la ley todos los días con todo su cuerpo).[3] La multitud se sorprendió cuando Jesús dijo que el que regresaba a casa justificado era el pecador. Todo lo que sabían acerca de lo que agradaba a Dios había sido puesto al revés. Era Lucas 15 de nuevo.

Cuando Jesús relató la historia del hijo pródigo, los que escuchaban veían solo un villano, el hijo que no respetó a su padre, que le pidió su parte de la herencia familiar y que se fue de casa. Cuando se atrevió a regresar a una comunidad que tradicionalmente lo habría encontrado en la puerta, prohibiéndole regresar, Jesús cambió el final. El padre de la historia corrió. Ansioso. Indigno. Encontró al muchacho antes de que la multitud pudiera tocarlo y lo recibió en casa: honores completos, nada de vergüenza. La multitud que escuchó ese día debe haber quedado atónita. Los líderes religiosos deben haberse ofendido profundamente, mientras que los marginados y los quebrantados deben haber visto un rayo de esperanza para sus vidas.

Si buscas una fe sensata, el cristianismo te dejará ofendido, confundido y despojado de todo lo bueno que tengas que decir sobre ti. Pero si estás buscando una fe en la que te inviten a venir tal como eres, que te bañen con misericordia y compasión, una fe en la que serás amado de nuevo e integrado a la vida y bienvenido a casa. El padre está esperando. Siempre está esperando.

Antes de que mi vida se derrumbara y terminara en una sala psiquiátrica, estaba muy consciente de mi propio desempeño como creyente. Incluso mientras escribo esto, desearía que no hubiera sido cierto, pero lo fue. No tenía la certeza de que Dios me amaba solo por lo que era, por lo que tenía mucho cuidado con todo lo que hacía. Después de la caída, fui libre... casi.

Ven y siéntate un rato

Todavía hay algunas situaciones que exhiben mi quebrantamiento. Puedo pararme en una plataforma y hablar con veinte mil personas y no ponerme para nada nerviosa. Sé por qué están ahí. Porque quieren que Dios las toque. Están ahí porque quieren escuchar a Dios y ser alentadas. Anhelan esperanza y ayuda. Lo entiendo ahora que soy simplemente el recipiente terrenal por el que fluye la esperanza. Es Jesús quien cambia las vidas y no puedo esperar para hablarles a otros acerca de Él. Pero póngame frente a un fotógrafo y no me siento tan cómoda. Parte de esa incomodidad es que antes de cualquier sesión de fotos, siempre determino que voy a perder cinco kilos, y casi siempre termino ganando cinco... o más. Es ridículo, lo sé, pero ahí lo tienes. Todavía me veo, en muchas maneras, como la adolescente con piel y cabello grasiento; y, en lugar de ayudarla, saboteo sus esfuerzos con dos de mis amigos, Ben y Jerry. Me pregunto si alguna vez has hecho eso. Es casi como si tuviéramos miedo de dejarnos ganar. Al contrario, una y otra vez, nos preparamos para fallar. Luego nos enojamos con nosotras mismas y recogemos ese abrigo de vergüenza que nunca está lejos de nuestro alcance. La verdad es que Dios no está enojado con nosotras y que el abrigo no nos pertenece. Jesús lo usó en la cruz.

En la primavera de 2019, Barry y yo fuimos a un pequeño pueblo en Texas a tener una sesión de fotos para este libro. No conocía al fotógrafo, pero había visto fotos del lugar donde estaríamos filmando. Era un gran granero blanco que, por lo general, se usa para bodas. Esa mañana, el encargado de dar las noticias del clima local dijo que tendríamos fuertes tormentas, las peores que habíamos tenido en Texas durante todo el año. Dijo que veríamos granizos del tamaño de unas pelotas de béisbol. Le sugerí a Barry que reprogramáramos el rodaje. Me sugirió que me subiera al auto.

El viaje nos tomó un poco menos de tiempo de lo que pensábamos, así que llegamos antes que el fotógrafo y el resto del equipo. Mientras Barry estaba sacando algunas cosas del auto, entré. Me quedé sin aliento. Parecía más una iglesia que un granero. Toda la madera estaba pintada de blanco. Tenía techos altos y estaba inundado de luz natural que entraba por las ventanas. Barry había traído una silla blanca de la casa, la colocó en el centro de la habitación y luego regresó al auto para agarrar mi bolsa de ropa. Hubo silencio en la habitación y, por un momento, el sol se filtró a través de las nubes de lluvia, proyectando un brillo dorado en la silla blanca colocada en medio de ese vasto espacio vacío, y en mi espíritu, escuché a mi Padre decir: «Ven y siéntate un rato». Había estado esperando todo el tiempo. Me senté ahí, amada.

Es difícil de explicar completamente, pero cuanto más vacías se han vuelto mis manos ante Dios, más lleno se ha vuelto mi corazón. La invitación es para cada una de nosotras.

> Quédense quietos, reconozcan que yo soy Dios. (Salmos 46:10)

> «¡Ríndanse! ¡Reconozcan que yo soy Dios!». (Salmos 46:10 DHH)

Hagamos una pausa aquí por un momento y dejemos que el amor de Dios nos rodee. Sé que tu vida está atolondradamente ocupada y que la idea de estar quieta es la número treinta y seis en tu lista de tareas pendientes, pero fuiste creada para cosas mejores.

Cuando me senté en la silla aquel día —y me quedé quieta— todo lo demás pasó a un segundo plano. Sí, mis *jeans* todavía estaban un poco ajustados, pero a quién le importa. Mi suéter era lo suficientemente largo como para cubrir mi falta de fuerza de voluntad. Sin embargo, recordé cómo me ve Dios: amada, elegida, comprada por el precio más alto que alguien haya pagado por algo. Igual es para ti. No te sientes en la oscuridad; deja que entre la luz del amor de Dios.

Eres bienvenida aquí

No la vi hasta que encendieron las luces para el descanso de la mañana. La iglesia estaba llena, aparte de la fila trasera de la izquierda, donde una mujer permanecía sentada sola. Cuando se encendieron las luces, agarró su bolso y se dirigió al vestíbulo. Me preguntaba por qué estaba sola. Más tarde, ese día, la volví a ver. Estaba sentada en un banco afuera de la iglesia. Me había deslizado por una puerta lateral para tomar un poco de aire fresco y, cuando la vi, me acerqué a donde estaba sentada y le pregunté si podía acompañarla. Ella movió su bolso y yo me senté. No dijimos nada por unos momentos, pero luego me dijo que había manejado cuatro horas para asistir a la conferencia. Le agradecí por venir y le pregunté si no había nadie que podría haber venido con ella y compartir el viaje. Ella rio con una mueca de tristeza y dijo que conocía a todas las mujeres de las dos primeras filas. Todas eran de la iglesia donde ella era miembro. Le pregunté por qué no estaba sentada con ellas. Respiró hondo y se miró los pies. Su historia es una que he escuchado una y otra vez, circunstancias ligeramente diferentes, pero en esencia la misma: una caída en desgracia.

«No soy bienvenida donde me conocen», dijo. Hay mucho más en su historia, pero tiene que contarla ella; es suya, no mía. Cuando nos sentamos en el banco ese día, me permitió que orara por ella mientras clamaba a Dios por misericordia. Tuve la alegría de recordarle que el único lugar donde es conocida y siempre bienvenida es en la presencia de su Padre. Él está esperando, siempre esperando. Lo que más le preocupaba era que sabía que lo que estaba haciendo estaba mal cuando lo hizo, pero —de todos modos— lo hizo. Le recordé que por eso vino Jesús. Él no dio su vida por aquellos que sienten que tienen derecho a marchar hasta el frente del templo y enumerar todo lo que han hecho bien. Jesús vino por aquellos que se sientan en la fila de atrás gritando: «Ten misericordia de mí, porque soy pecador».

A veces es nuestro pecado lo que nos impide orar. A veces es nuestro ajetreo. A veces es porque no estamos seguras de que Dios esté escuchando. Dios te está esperando. Él está escuchando. Ya sea que te encuentres en un tranquilo cuarto de oración, paseando por el bosque o sentada en una silla en medio del espacio más grande de tu hogar, deja que el amor de Dios fluya sobre ti. Él te está esperando. Ven tal como eres.

Las mujeres que oran creen que Dios está oyendo en este preciso momento.

RECORDATORIOS DE ORACIÓN

1. En este momento, Dios te invita a venir como eres.
2. Dios está esperando y escuchando.
3. Ora con humildad, pidiéndole a Dios su misericordia.

UNA ORACIÓN PARA RECORDARTE QUE DIOS ESTÁ ESPERANDO POR TI

Padre:

Gracias porque me estás esperando. Mi mente está ocupada. Mis pensamientos me llevan en muchas direcciones. Enséñame a estar quieta y esperar en ti. Ayúdame a conocer tu amor. Ayúdame a acudir a ti como una niña con las manos vacías delante de ti. Llena mi corazón ahora mismo con tu presencia. Esperaré contigo. En el nombre de Jesús oro, amén.

TRES

Ora... y no te rindas

Las mujeres que oran no dejan de orar nunca,
hasta que reciben respuesta de Dios.

Nuestro lema debe seguir siendo la perseverancia. Y, en definitiva, confío
en que el Todopoderoso coronará nuestros esfuerzos con éxito.

William Wilberforce

Así que yo digo: Pidan y se les dará; busquen y encontrarán; llamen y se les abrirá. Porque todo el que pide, recibe; el que busca, encuentra y al que llama, se le abre.

Lucas 11:9-10

Siempre he sido una chica poco femenina. No fui una de esas muchachas que supo desde el momento en que sostuvieron su primera muñeca que habían sido hechas para ser madres. Amaba a los hijos de otras personas, pero nunca sentí como si tuviera que tener los propios. Yo quería un perro. Cuando me convertí en tía por primera vez, me emocionó abrazar a ese bebé querido, pero igualmente me gustaba devolvérselo a mi hermana cuando empezaba a llorar con suficiente intensidad como para aterrorizar al gato. De manera instintiva, ella sabía exactamente qué hacer. Algunas mujeres parecen venir con el gen natural de la maternidad. Tengo una amiga que tiene trece hijos. ¡Trece! No gemelos, ninguno es adoptado, solo ha estado embarazada trece veces. Una vez le pregunté cómo los rastrea a todos, ya que viven en el campo. Ella me dijo que cuenta sus zapatos en la puerta. ¡Qué clase de mujer!

No conocí a mi esposo, Barry, hasta mis treinta y siete años. Es siete años menor que yo, lo que me recuerda con bastante regularidad. Lo había visto con sus sobrinas y sobrinos, por lo que sabía que amaba a los niños y que sus posibilidades de tener una familia numerosa conmigo no eran buenas, a menos que fuéramos padres sustitutos o adoptáramos. Recuerdo haberle dicho que él podría querer encontrar a alguien más joven que yo. Rechazó esa idea y nos casamos en un hermoso día nevado de diciembre en Charleston, Carolina del Sur. Una vez que nos casamos, nos tomamos muy en serio el asunto de quedar embarazada, pero —como les sucede a muchas mujeres— todos los meses era una decepción. Después de un año de intentarlo, fui a visitar a mi médica para ver si era posible concebir. Ella fue muy optimista y alentadora. Su ayudante no lo fue tanto. «¡Todos tus óvulos ya están envejecidos!».

Por primera vez en mi vida, me encontré añorando un hijo. Cada vez que me cruzaba con una madre en un centro comercial o en la tienda de comestibles con sus pequeños, sentía como una puñalada en el corazón. Esas mujeres pertenecían a una comunidad a la que nunca podría ser invitada. Le rogué a Dios que nos diera un hijo. Cuando oré, le dije que si me daba un solo hijo lo amaría con cada fibra de mi ser. ¡Y entonces sucedió! Cuando vi el signo positivo en la prueba de embarazo, la dejé caer. Estaba en el piso del baño y temía levantarla, en caso de que estuviera mal. Manejé a la farmacia y compré otra. De nuevo decía que estaba embarazada. Todavía no estaba segura, ya que había comido muchos carbohidratos la noche anterior, así que volví y compré una más. La chica de la caja registradora dijo: «Acéptalo, cariño, estás embarazada». Ella tenía razón.

No sabía cómo decirle a Barry. Pensé que probablemente debería hacer un desfile y tener una banda con música y globos, pero como llegó a casa del trabajo en cuarenta minutos, tuve que desechar esas ideas. Al contrario, puse la mesa para la cena con velas y flores frescas, y puse la prueba de embarazo en su plato cubierto con una cúpula plateada. Tenía todo planeado para la revelación. Comenzaríamos con una ensalada y le preguntaría cómo había pasado su día. Luego sacaría la prueba de embarazo y la pondría frente a él. Pero, en cambio, en el momento en que entró, mi plan perfecto se fue por el desagüe y grité: «¡Estamos embarazados!».

Cuando lo que has pedido sale mal

Las primeras semanas de mi embarazo fueron un despliegue de alegría absoluta. Les decía a los extraños que estaba embarazada. Le leía libros a la pequeña —o pequeño— en mi barriga y tocaba una variedad de canciones para ver si era más country o pop. En nuestra ecografía, supimos que el bebé era un niño. Estábamos muy felices.

Entonces una llamada telefónica interrumpió nuestra felicidad. Cuando el bebé naciera, yo tendría cuarenta años, por lo que mi médica me había pedido pruebas adicionales, una de ellas era una amniocentesis. Cuando tuvo los resultados, nos pidió que fuéramos a su oficina. Nos sentamos a un lado de su escritorio mientras ella se sentaba al otro con una carpeta marrón. No recuerdo todo lo que dijo, solo esto: «Tu bebé no va a vivir».

La miré como si estuviera hablándome en un idioma extraño. Esa fue una frase que nunca había escuchado antes. Ni Barry ni yo dijimos nada. Quedamos atónitos. Ella continuó explicando sobre los «marcadores», las «anormalidades» y lo que mostraron mis resultados. Podía ver su boca moverse, pero sentí como si tuviera una cúpula de vidrio sobre mi cabeza y no podía escucharla. Luego dijo que recomendaba realizar una terminación al día siguiente. Escuché eso y sus palabras me devolvieron a la realidad. Quedé impresionada. «¡No!». Dije con vehemencia. «¡No! Absolutamente no. Este pequeño tendrá todos los días que Dios ha planeado que viva». Manejamos a casa en silencio. No había nada que decir. Durante las siguientes dos semanas, me atormentó un pensamiento: le rogué a Dios que me diera un hijo y ahora se lo va a llevar antes de que tengamos la oportunidad de amarlo. ¿Por qué? Sentí como si estuviera cayendo en un pozo oscuro. Unos días me sentía enojada, otros me sentía abrumada por el dolor. Pero un día, mi rumbo cambió.

Me desperté temprano y conduje hasta la playa, puesto que en ese momento estábamos viviendo en el sur de California. La playa estaba desierta; mis únicas compañeras eran las gaviotas. Me quité los zapatos, caminé hasta el borde del agua y oré. Oré como nunca antes, en voz alta al viento, a las olas y a los pájaros.

¡Jesús! Me duele el corazón. No entiendo nada en absoluto, pero solo quiero declarar aquí y ahora que estamos juntos en esto. Siempre te he necesitado, pero ahora sé que te necesito más que nunca. No sé cómo terminará esto, pero no te dejaré ir por un instante. No me prometiste felicidad, pero prometiste que nunca me dejarías. No te dejaré ir. Yo no me doy por vencida. Tú y yo estamos juntos en esto.

Algo cambió dentro de mí. No tenía idea de cuánto tiempo podría llevar a nuestro hijo dentro, pero me volví rigurosa en mis oraciones, no por un resultado perfecto sino por la presencia de un Padre perfecto. A las treinta y cinco semanas, llamó mi médica. Contuve el aliento. Me dijo que el día que mis resultados llegaron a su oficina, también llegaron los de otra paciente de cuarenta años. Mis resultados habían ido al archivo de ella y los suyos al mío. No había habido nada malo con nuestro hijo. Caí de rodillas y le di las gracias a Dios, pero luego oré por la otra madre que recibiría una llamada telefónica muy diferente. Creo en la soberanía de Dios y, a menudo, me he preguntado si se me permitió llevar su carga por un tiempo. No sé la respuesta a ello, pero sí sé que cuando mi corazón se rompía, aprendí a aferrarme a Dios como nunca antes lo había hecho en mi vida.

No sé a qué batalla te enfrentas en este momento. Puede ser por tu hijo, tu matrimonio, tu salud o tu propia cordura, pero lo que quiero que sepas es esto: cuando oramos y nos negamos a rendirnos, no importa cuánto demore una respuesta, las cosas cambian. Si estás desanimada, permíteme decirte, en el nombre de Jesús: ¡espera! Al enemigo no le agradaría nada más que nos rindamos y dejemos de orar. Jesús cordialmente nos regaló la siguiente parábola para dejar en claro que no importa cuán difícil sea el lugar en el que te encuentres en este momento, no importa cuánto tiempo dure la noche de sufrimiento y de lucha, no debemos dejar de orar nunca.

La mujer que no se iba a rendir

Una de las ilustraciones más poderosas que Jesús expuso sobre lo que es orar y nunca darse por vencido es la historia de una viuda que no se rindió.

Cierto día, Jesús les contó una historia a sus discípulos para mostrarles que siempre debían orar y nunca darse por vencidos. «Había un juez en cierta ciudad —dijo—, que no tenía temor de Dios ni se preocupaba por la gente».

Una viuda de esa ciudad acudía a él repetidas veces para decirle: «Hágame justicia en este conflicto con mi enemigo». Durante un tiempo, el juez no le hizo caso, hasta que finalmente se dijo a sí mismo:

«No temo a Dios ni me importa la gente, pero esta mujer me está volviendo loco. Me ocuparé de que reciba justicia, ¡porque me está agotando con sus constantes peticiones!».

Entonces el Señor dijo: «Aprendan una lección de este juez injusto. Si hasta él dio un veredicto justo al final, ¿acaso no creen que Dios hará justicia a su pueblo escogido que clama a él día y noche? ¿Seguirá aplazando su respuesta? Les digo, ¡él pronto les hará justicia! Pero cuando el Hijo del Hombre regrese, ¿a cuántas personas con fe encontrará en la tierra?». (Lucas 18:1-8 NTV)

Esta parábola revela mucho sobre la oración. Imagina ahora que estás sentada a los pies de Jesús luchando con tus batallas y Él toma tu hermoso rostro en sus manos y te deja entrar en un reino secreto, diciéndote cómo orar cuando estés abrumada y lista para renunciar. Puede que hayas estado luchando en tus batallas durante tanto tiempo que seas tentada a creer que Dios no está escuchando, que no le importas. Oro para que este pasaje elimine esos pensamientos. Dios te está escuchando. Se interesa por ti. Mira lo que dijo Jesús. Me encanta la forma en que Lucas nos lo explica:

Cierto día, Jesús les contó una historia a sus discípulos para mostrarles que siempre debían orar y nunca darse por vencidos. (Lucas 18:1 NTV)

No hay mucho misterio ahí. Está claro como el cristal. Algunas veces las parábolas de Jesús eran difíciles de entender para los que escuchaban. Esta no. Jesús quiere que sepamos que la constancia en la oración es importante. La oración persistente cambia las cosas. Esta, en particular, no es una oración tipo «Dios bendiga a mi hijo». Este es un tipo de oración que se hace de rodillas, completamente dedicada a la batalla, sin rendirse hasta que Dios responda.

Jesús formula una comparación entre un juez —que debería estar dispuesto a ayudar a una viuda pobre, pero que no le presta atención— y Dios, un Padre amoroso que se conmueve por los clamores de su pueblo. En esta parábola, el juez no se preocupa por Dios ni por estar ante su presencia algún día. Él es la definición de una ley en sí misma. Escuchar que este juez no solo no teme a Dios, sino que tampoco tiene respeto por las personas, nos permite hacer algunas suposiciones sobre él. Un hombre como ese es receptivo al peor tipo de corrupción y soborno. Si quieres justicia de él, deberás hacer que le interese. Por tanto, una viuda —con poco o ningún estatus o dinero en esa sociedad— no tenía esperanza.

En contraste, Dios nos dice a todos que vengamos como estemos, con las manos vacías y abiertas, y que Él escuchará nuestro clamor y contestará. Nuestra cultura está obsesionada con el dinero, el estatus y los seguidores de las redes sociales. Podríamos ser tentados a sentir que no tenemos una voz relevante en este mundo. Sin embargo, si no tenemos cuidado, podemos dejar que ese sentimiento se extienda a nuestra relación con Dios. Tal vez esperes que Dios escuche las oraciones de tu pastor o de aquellos a quienes admiras en la fe, aquellos con plataformas importantes, pero te colocas al final de la lista de tareas pendientes de Dios. Ese no es el caso. No estás al final de la lista de tareas de Dios; estás justo en la cima. A Dios no le importa si has escrito un libro o si has dictado una conferencia o cualquier otra cosa a la que puedas atribuirle importancia. Él espera saber de ti. Se preocupa por ti. Te ama.

Vi ese tipo de confianza segura en la fe de mi madre. Como mamá sola que tuvo que criar a tres hijos, ella tenía recursos muy limitados. A menudo dependía de la amabilidad de los amigos de nuestra iglesia para comer en ocasiones especiales, como Navidad, para vestir una tribu en crecimiento (como los pantalones de mi hermano), pero cuando nos reuníamos para orar, no acudía a Dios como una pobre viuda pidiendo ayuda. Iba como hija del Rey a su Padre. No acudía a un juez que la veía como una mendiga insignificante; iba al Rey del cielo, cuya puerta siempre estaba abierta para ella. Una cosa que sabía de mi madre era que era persistente, rigurosa en la oración, lo cual se basaba en la relación con su Padre.

Muchas de ustedes me han escrito contándome sobre dónde se encuentran en este momento. Algunas de ustedes han perdido sus ingresos o el esposo se les ha ido. Una carta que me rompió el corazón fue la de una mujer que había aumentado de peso y aún estaba soltera, por lo que creía que nadie querría estar con ella. Cualquiera que sea tu historia, recuerda que aun cuando cada otra puerta se cierre de golpe en tu cara, la que lleva a la presencia de tu Padre nunca estará cerrada. No evadas eso. Nos acostumbramos a ver frases alentadoras como memes o calcomanías, pero esta es una verdad que transforma la vida. ¡Aquel que mantiene el universo en su lugar, que se sienta en el trono eterno, ante quien un día cada rodilla se doblará y cada lengua confesará que Él es el Señor!, no te ha olvidado ni te evade; eres vista, amada y escuchada. Por eso Jesús nos dice que no nos desanimemos.

En la parábola, Jesús señala que incluso un juez corrupto al fin cedería ante la mujer que se niega a renunciar, aunque sea simplemente porque quiera deshacerse de ella. ¡Cada vez que salía por la puerta principal, ahí está ella de nuevo! ¿Cuánto más responderá tu Padre que te ama a tus fervientes oraciones?

A veces creemos que la falta de una respuesta rápida a nuestras oraciones significa que Dios las ignora o que ni siquiera las escucha. Vivimos en un mundo de soluciones rápidas en el que esperamos respuestas inmediatas. Si estamos en espera con la compañía telefónica por más de unos minutos, queremos colgar (¡no me pregunten cómo sé esto!). Como hijas de Dios, necesitamos renovar nuestras mentes en cuanto a lo que es la verdad eterna y lo que se cree popularmente. La persistencia, el compromiso y la oración intencionales son valores profundamente espirituales. Los estamos perdiendo en nuestra comunidad cristiana; sin embargo, queremos adoración instantánea y mensajes breves para que podamos llegar a casa para tomar una siesta.

Vi, con el resto del mundo horrorizado, cómo las llamas se esparcían por el techo de la catedral de Notre Dame, en París. Hubo numerosas donaciones para reconstruir ese histórico lugar de culto, pero un comentario de un sacerdote francés sobre las noticias de esa noche fue muy revelador. Dijo que el tipo de artesanos que construían catedrales en el pasado ya no existen. La mayoría de ellos nunca vieron la obra terminada. Dieron sus vidas a algo que era más grande que ellos mismos, lo que ya nadie parece querer hacer. Dios está llamando a sus mujeres guerreras a invertir sus vidas en algo que es más grande que ellas mismas: el reino de Dios. Este tipo de mujeres dedican su vida a la oración rigurosa.

¿Qué encontrará Jesús?

El último verso de la parábola sobre la viuda persistente es muy significativo:

Les digo, ¡él pronto les hará justicia! Pero cuando el Hijo del Hombre regrese, ¿a cuántas personas con fe encontrará en la tierra? (Lucas 18:8 NTV)

Como esto se encuentra al final de una parábola sobre la oración, el texto indica que cuando Cristo regrese, equiparará la fe con aquellos que persistieron en la oración. Encontrará a algunas de nosotras que oramos y luego abandonamos porque se nos hizo demasiado difícil y a algunas que se negaron a hacerlo, sin importar lo difícil que fuera. La pregunta es esta: ¿Cuántas encontrará Él que persistieron en la oración? Este tipo de vida de oración no se basa en resultados sino en la fe en Cristo. He sido ambos tipos de persona. He orado en situaciones difíciles, desgarradoras, y algunas veces me he rendido. La carga me pareció demasiada, por lo que renuncié. Quizás renuncié porque la que llevaba la carga era yo, en vez de llevarla al trono de la gracia y la misericordia todos los días. Ahora estoy aprendiendo, esta parábola me ha ayudado a orar y orar hasta que sienta que Dios debe estar harto de saber de mí, pero sé que no lo está.

Aunque tus amigos te fallen

Lucas relata la segunda historia que Jesús contó acerca de ser persistente en la oración.

Supongamos —continuó— que uno de ustedes tiene un amigo, y a medianoche va y le dice: «Amigo, préstame tres panes, pues se me ha presentado un amigo recién llegado de viaje, y no tengo nada que ofrecerle». Y el que está adentro le contesta: «No me molestes. Ya está cerrada la puerta, y mis hijos y yo estamos acostados. No puedo levantarme a darte nada». Les digo que, aunque no se levante a darle pan por ser amigo suyo, sí se levantará por su impertinencia y le dará cuanto necesite.

Así que yo les digo: Pidan, y se les dará; busquen, y encontrarán; llamen, y se les abrirá la puerta. Porque todo el que pide recibe; el que busca encuentra; y al que llama, se le abre. (Lucas 11:5-10)

Antes de desmenuzar esta historia, quiero llamar tu atención en cuanto a cómo empieza este capítulo en Lucas. Comienza con una petición de los discípulos.

Una vez, Jesús estaba orando en cierto lugar. Cuando terminó, uno de sus discípulos se le acercó y le dijo: —Señor, enséñanos a orar, así como Juan les enseñó a sus discípulos. (Lucas 11:1 NTV)

Siempre pensé en Juan el Bautista como un profeta que clamaba en el desierto, pero los discípulos de Jesús lo consideraban un hombre de oración. Así como Isaac fue un milagro nacido de Abraham y Sara en su vejez, Juan fue un milagro nacido de sus padres, Zacarías y Elisabet. Ambos se describen como de edad avanzada y Elizabet fue llamada estéril. Juan era un bebé milagroso que estaba lleno del Espíritu Santo antes de nacer, pero también era un hombre de oración. Él fue quien tuvo el privilegio de bautizar a Jesús. Sabía que acababa de bautizar al Mesías, pero no pensó: *Trabajo hecho*. Él continuó siendo un hombre de oración. Vio y escuchó cosas que solo podemos imaginar.

Juan declaró: «Vi al Espíritu descender del cielo como una paloma y permanecer sobre él. Yo mismo no lo conocía, pero el que me envió a bautizar con agua me dijo: "Aquel sobre quien veas que el Espíritu desciende y permanece es el que bautiza con el Espíritu Santo". Yo lo he visto y por eso testifico que este es el Hijo de Dios». (Juan 1:32-34)

Si Juan, que vivió todas esas experiencias directamente, era un hombre de oración, ¿cuánto más deberíamos serlo nosotros?

También es interesante ver que los discípulos de Jesús no le preguntaron cómo sanar a los enfermos o resucitar a los muertos. No preguntaron cómo armar un buen sermón de tres puntos. Le pidieron que les enseñara a orar. Veremos la oración del Señor en otro capítulo, pero —por ahora— veamos cómo respondió a la pregunta de ellos.

Jesús contó una historia acerca de alguien que apareció en la puerta de un amigo a la medianoche en busca de bocadillos. Jesús deja en claro que la persona de la casa era un amigo, no un extraño ni un juez injusto sino un amigo.

Les digo que, aunque no se levante a darle pan por ser amigo suyo, sí se levantará por su impertinencia y le dará cuanto necesite. (Lucas 11:8)

Insisto, en esta parábola, el punto principal es acerca de la persistencia en la oración, pero hay otro mensaje oculto. El amigo finalmente se levanta, pero no por amistad. ¡Se levanta porque quiere volver a dormir! Jesús reconoce que a veces, lo queramos o no, nos decepcionaremos unos a otros.

Sé que te ha ocurrido algo así. Tal vez hayas pasado por un divorcio doloroso y necesites que tus amigos comprendan la profundidad del dolor, la soledad, la carga de criar a tus hijos sola. Por un tiempo, están allí, pero luego la vida continúa y se ven atrapados en sus propias vidas y familias. Es fácil sentirse olvidada, pasada por alto. O si padeces una afección médica, inicialmente tus amigos no pueden hacer lo suficiente por ti, pero luego el tiempo se prolonga y ya no están contigo tan a menudo como antes. Tal vez los necesites más ahora que al principio, pero sientes que se han ido.

Nunca seremos suficientes el uno para el otro. El corazón humano es muy complicado, muy profundo, y las heridas del pasado pueden presentarse en el momento menos esperado y arrastrarnos al fondo. Lo que Jesús está diciendo aquí es que esta es la realidad. Nuestros amigos y familias nunca serán todo lo que necesitamos, y nunca seremos todo lo que ellos necesitan. Sin embargo, Jesús siempre es más que suficiente. Él siempre es más de lo que necesitamos. Y siempre estará presente.

Una de las cosas con las que batallo constantemente es con el aislamiento. Solía pensar que eso se debía a mi batalla contra la depresión, pero creo que es más que eso. Cuando las personas experimentan algún tipo de abuso en la infancia, responden de diferentes maneras. Debido a que mi experiencia fue el abuso físico de mi padre antes de que se suicidara, me volví muy protectora conmigo misma. No esperaba que nadie me ayudara. Tendría que ayudarme a mí misma. Recuerdo haber visto la película *Cenicienta* cuando era una niña con un grupo de mis amigas para un regalo de cumpleaños. A ellas les encantó, yo la detesté. Mi reacción fue tan fuerte debido a que la idea de que un príncipe viniera a rescatarme contradecía todo lo que había experimentado en mi vida hasta ahora.

Parte de orar cuando queremos escapar es darle a Cristo lo que somos y no rendirnos.

Tengo que tener cuidado incluso ahora para no volver a ese lugar de autoprotección cuando siento que soy más vulnerable. Estaba muy adolorida después de la muerte de mi madre y sentí que una de mis amigas más cercanas —que debió haber entendido cuánto me dolía eso— simplemente no estuvo conmigo. A medida que pasaron las semanas sin saber de ella, entré en modo «quién te necesita», que no es muy atractivo para un cristiano maduro. Pero volver a las viejas formas de pensar es muy fácil. Lo que estoy aprendiendo es que parte de orar cuando queremos escapar es darle a Cristo lo que somos y no rendirnos. Cuando era niña, creía que nadie vendría a rescatarme. Estaba equivocada. Hay un Príncipe, se llama Jesús.

Dios está por ti

¿Qué le pedirías a Jesús si pudieras verlo? Si estuviera sentado frente a ti en la mesa de tu cocina, escuchando, invitándote a pedir cualquier cosa que tuvieras en tu corazón, ¿qué le pedirías? ¿Por qué no haces una lista? Sé tan específica como puedas. Míralo ahí, con los brazos abiertos, los ojos llenos de esa clase de amor que lo cambia todo. Luchamos por tener una imagen precisa de ese amor. Nunca lo hemos experimentado en ningún lado, por lo que ser invitada a venir y ser recibida con entrega se siente mal. Suena demasiado bueno para ser verdad. Sabemos demasiado de nosotras mismas. Pero no hay nada que hayamos hecho, ningún secreto que podamos guardar, ninguna vergüenza que hayamos enterrado que Él no sepa. Cuando hablo en una conferencia, a menudo les pido a las mujeres que imaginen que ha habido un cambio de plan. En vez de escucharme hablar, van a ver una película de sus vidas: todo lo que han hecho, todo lo que han dicho, el corte del director, nada que quede fuera. Luego les pregunto como te pregunto a ti ahora, ¿cómo te haría sentir eso? Toma un momento para reflexionar sobre eso. Para la mayoría de nosotras, el pensamiento es horrible. Pero la verdad del evangelio es que Dios ha visto tu película y te ama de todas formas. ¿Cómo realmente creer que eso cambia tu vida? Mantener estas dos cosas juntas es radical. Primero, Dios sabe todo sobre nosotras, lo bueno, lo malo y lo muy feo. Dos, nos espera con sus amorosos brazos extendidos. Jesús contó muchas historias para ayudar a los que escuchaban a entender que Dios no estaba dispuesto a castigarlos o engañarlos, sino a amarlos.

Justo después de la advertencia de Jesús en cuanto a pedir, buscar, llamar en Lucas 11, nos dice esto: «¿Quién de ustedes que sea padre, si su hijo le pide un pescado, le dará en cambio una serpiente? ¿O, si le pide un huevo, le dará un escorpión?» (vv. 11-12). Cuando Mateo cuenta la historia, agrega una cosa más: «¿Quién de ustedes, si su hijo le pide pan, le da una piedra?» (Mateo 7:9).

Aquellos que escucharon a Jesús ese día representaban imágenes diferentes a las que tú y yo nos haríamos. Las cosas que Jesús comparó eran muy similares entre sí, y la gente lo sabía. Las anguilas viven en el mar de Galilea, y probablemente eran a lo que Jesús se refería como una serpiente. Las anguilas estaban prohibidas por la ley dietética judía, por lo que la pregunta era: «¿Qué padre si su hijo pide un pez lo engañará y le dará algo que no puede comer? ¿O qué padre si su hijo pide un huevo le dará un escorpión?». Hay una especie de escorpión de color pálido, que cuando está en reposo, mete la cola y las garras, y se parece un poco a un huevo. ¿Qué padre le dará eso a su hijo? Si tu hijo tiene hambre y pide un huevo, ¿le darás algo que lo pique y lo lastime? Las pequeñas rocas de piedra caliza en el borde del mar de Galilea tienen la misma forma que las hogazas de pan, pero ¿quién se las dará a su hijo como alimento?

Todos los años, en el cumpleaños de Christian, oro por esa mujer que nunca conocí, aquella cuyos resultados aparecieron en mi historial y que obtuvo los míos. No se me permitió saber quién era o qué sucedió con su embarazo, pero le pido a Dios que la acoja con sus brazos amorosos. Y en cuanto a Christian... cumple veinticuatro en diciembre, ¡y sigo orando!

Persiste en la oración, no importa cuán difícil sea o cuánto demore la respuesta, solo ocurrirá cuando creamos que Dios es quien dice ser.

Dios no quiere engañarnos ni perjudicarnos. Persiste en la oración, no importa cuán difícil sea o cuánto demore la respuesta, solo ocurrirá cuando creamos que Dios es quien dice ser. Si dudamos de su amor, nos detendremos en la oración. Si creemos y recibimos ese amor, nos sumergiremos en todo lo que tenemos y somos. Quizás por eso amo tanto al océano. Cuando miro su vasta extensión, vislumbro el inmenso amor de Dios.

He aquí el amor, vasto como el océano,
bondadoso como diluvio,
cuando el Príncipe de la vida, nuestro rescate,
derrama por nosotros su preciosa sangre.
¿A quién no recordará su amor?
¿Quién puede dejar de cantar sus alabanzas?
Nunca puede ser olvidado
a lo largo de los eternos días en el cielo.

William Rees[1]

Las mujeres que oran no dejan de orar nunca, hasta que reciben respuesta de Dios.

RECORDATORIOS DE ORACIÓN

1. Ora con audacia y no te rindas.
2. Cuando ores, cree que Jesús es suficiente para lo que sea que estés enfrentando.
3. Persiste en la oración, debido a que sabes que Dios es quien dice ser.

UNA ORACIÓN PARA CUANDO QUIERAS RENDIRTE

Padre:
Quiero ser persistente en la oración. No quiero rendirme. Quiero pedir y seguir pidiendo. Quiero buscar y seguir buscando. Quiero tocar y seguir tocando. A veces me desanimo. A veces pierdo la esperanza. Pero quiero ser el tipo de mujer que ora por una respuesta. Espíritu Santo, mantenme firme. Por el amor de Jesús, amén.

CUATRO

Ora más fuerte cuando sea más difícil orar

Las mujeres que oran avanzan en oración aun cuando la vida sea dura.

Cuando oramos por la ayuda del Espíritu... simplemente caeremos a los pies del Señor en nuestra debilidad. Ahí es donde hallaremos la victoria y el poder que provienen de su amor.

Andrew Murray

Yendo un poco más allá, se postró en tierra y empezó a orar que, de ser posible, no tuviera él que pasar por aquella hora. Decía: «*Abba*, Padre, todo es posible para ti. No me hagas beber este trago amargo, pero no sea lo que yo quiero, sino lo que quieres tú».

Marcos 14:35-36

He estado a dieta por cuarenta años. He perdido y ganado los mismos cinco o doce kilogramos una y otra vez. Los llamo «kilos hogareños», ya que siempre encuentran el camino de regreso a casa. Puede que no parezca mucho peso, pero —para mi contextura— es bastante. Algunas personas aumentan de peso un poco, así que no es tan obvio. Yo no. Tengo las rodillas gordas. Ninguna mujer quiere rodillas gordas. Ninguna mujer que viva en Texas —donde hace tanto calor que se puede cocinar un filete de costilla en una acera—, quiere rodillas gordas. Puedes encontrarme rápidamente, en el verano, en medio de una multitud. ¡Soy la única que no usa pantalones cortos!

Dame el nombre de una dieta y te diré que ya la hice... varias veces. He comido sopa de repollo hasta casi perder la voluntad de vivir. He comido carne y pollo por temporadas, y nada más, y —sin embargo— esas pequeñas tiras de Keto (de la dieta Keto) no cambian de color. La verdad es que todas las dietas funcionan; soy yo quien no funciona. A la mitad del primer día después de haberme comprometido con una nueva dieta, ya estoy pensando: *creo que me gustó más esa otra dieta*. De modo que, cuando Barry me dijo que iba a seguir el ayuno de Daniel durante veintiún días, mis oídos se animaron. Explicó, sin embargo, que eso no tenía nada que ver con una dieta ni con mis rodillas; era un compromiso que estaba haciendo para acercarse a Dios y profundizar en la oración. Me di cuenta de que Barry hablaba en serio. Estaba decidido a perseguir a Dios sin importar lo incómodo que fuera o cuánto anhelara comer Chick-fil-A.

Ponte seria

¿Alguna vez has experimentado momentos en la vida en los que necesitabas llevar la oración al siguiente nivel? Eras persistente, rigurosa, pero la carga que llevabas no se aligeraba. Y luego te diste cuenta de que, más que una respuesta a la oración, lo que realmente querías era la presencia de Dios en tu vida. Eso fue lo que me comunicó Barry. Había sentido durante algún tiempo que había perdido algo de la alegría en su relación con Dios y, cuando oraba, lo sentía distante. Le era difícil orar.

Necesitaba un avance y creía que el ayuno de Daniel podría proporcionársel. No sé si estás familiarizada con ese ayuno. Parece que hay varias versiones y niveles de compromiso, pero Barry los hizo todo.

En aquella ocasión yo, Daniel, pasé tres semanas como si estuviera de luto. En todo ese tiempo no comí nada especial, ni probé carne ni vino, ni usé ningún perfume. (Daniel 10:2-3)

Durante veintiún días, Barry comió verduras y arroz integral, sin azúcar ni sal. Solo bebía agua; nada de café ni refrescos. Como es un gran fanático de cierto refresco, eso fue un gran problema para él. Estaba en serio con su deseo de entrar en la presencia de Dios. Sin embargo, el impacto a medida que avanzaba el ayuno lo sorprendió. Por varias mañanas, se despertaba con un nombre y una cara en su mente. A veces eso iba acompañado de un llamado abrumador a orar por esa persona, por lo que se arrodillaba y oraba. En otras ocasiones, el Espíritu Santo le decía que perdonara a alguien que lo había herido en el pasado. Aunque pensaba que los había perdonado, era como si el Espíritu Santo estuviera haciendo una limpieza espiritual profunda. Barry oraba más fuerte cuando era más difícil orar.

Una oración contestada puede dar información, pero la presencia de Dios da paz cualquiera sea la respuesta.

«No estaba pidiendo una respuesta de Dios» —me dijo—. «Estaba pidiendo a Dios mismo».

Eso impactó muy profundo mi interior. Hay momentos en la vida en que una respuesta no es suficiente; necesitamos la presencia abrumadora de Dios. Una oración contestada puede dar información, pero la presencia de Dios da paz cualquiera sea la respuesta. En mi propia vida, estaba a punto de descubrir cuánto necesitaba esa paz.

¡Esto no, Señor!

Viajo mucho. He volado más de cuatro millones de kilómetros solo en una aerolínea. Cabe mencionar que a veces me canso mucho, pero —en este día en particular— sentía como algo más que simple fatiga de viaje. Tuve el peor dolor de cabeza. Nunca antes había tenido migraña, pero sentí que tenía una. Era como si tuviera una banda de hierro alrededor de mi cabeza y me la estuvieran apretando poco a poco. Tomé dos pastillas Advil y me acosté en mi cama con las luces apagadas, pero el dolor no desapareció en lo absoluto. Llamé al consultorio de mi doctora para ver si podía conseguir una cita ese día, pero estaban muy ocupados por una reciente epidemia de gripe. Así que Barry decidió llevarme a una clínica médica de la localidad. Esperamos un rato antes de que una joven enfermera me llevara de vuelta a una sala de tratamiento. Mi presión arterial era muy alta, lo cual era un poco preocupante; pero pensé que, si tenía gripe, eso podría afectarla. Cuando entró el médico, habló sobre mi presión arterial y luego me preguntó cuál era mi queja principal. Le dije que tenía un dolor de cabeza terrible y me planteó —lo que ahora sé que es— una pregunta médica clave: «¿Es este el peor dolor de cabeza que has tenido?».

Le dije que sí. La siguiente pregunta cambió la atmósfera en la habitación.

«¿Alguien en tu familia ha tenido alguna vez un aneurisma?».

Al decirle que mi padre había tenido un aneurisma cerebral cuando tenía treinta y cuatro años, su lenguaje corporal cambió de inmediato. Se puso de pie y le dijo a Barry que me llevara directamente a la sala de emergencias del hospital más cercano. «¡Diles que necesitas una tomografía computarizada con contraste y que la necesitas ahora!».

Manejamos en silencio hasta la sala de emergencias. Fragmentos de la historia de mi padre pasaron por mi mente. Su aneurisma cerebral no lo mató, pero cambió su vida y la de toda nuestra familia de la noche a la mañana. El impacto inmediato fue que quedó paralizado por un lado y perdió la capacidad de hablar, pero había una tormenta mucho mayor en el horizonte. A medida que los días se convirtieron en semanas, su comportamiento comenzó a deteriorarse. Pasó de ser un padre amable y amoroso a un extraño enojado, impredecible y, en última instancia, violento. Cuando ya no era seguro para nosotros tenerlo en nuestra casa, lo llevaron al hospital psiquiátrico local. Se las arregló para escapar una noche y se quitó la vida, ahogándose en el río que atravesaba nuestro pueblo. A menudo me he preguntado qué estaba pasando en su mente y su corazón en esos últimos minutos. ¿Se arrepintió de su violencia y del terror que vio en los ojos de sus hijos? ¿Era desesperación por sus propias y profundas limitaciones? Solo Dios sabe la respuesta a esas preguntas. Lo que sea que estuviera sucediendo, sé ahora que mi padre, sano y completo, está a salvo en casa con Jesús; pero en mi niñez, ver todos los días los cambios que ocurrían en él fue aterrador. En mi crecimiento, tuve pesadillas de que también me golpearía igual que a mi padre, como una ola maligna. No podía imaginar la agonía de estar atrapada dentro de un cuerpo que ya no funcionaba como antes, y la idea de convertirme en una extraña aterradora para aquellos que amaba era impensable. Ahora, conduciendo al hospital, sentía que esa pesadilla podría convertirse en mi realidad.

Cuando sientes que la oración es imposible

Me pregunto si tú también has pasado por eso. Las circunstancias pueden ser diferentes, pero el impacto —las posibilidades— son las mismas. ¿Qué haces cuando de la nada te golpea una ola inesperada? ¿Cuál es tu primera respuesta cuando tus pies se agotan y apenas puedes respirar? Todos enfrentamos esos momentos en la vida. Estas experiencias están fuera de los desafíos normales del día a día. Son situaciones en las que nunca hemos estado. Pienso en mi amiga cuyo esposo tiene un tumor cerebral o en la mujer que me detuvo hace poco en una cafetería para decirme que acababa de llegar del consultorio de su médico y que le había dicho que tenía cáncer. La sorpresa en su rostro era desgarradora. Es el aspecto que tienes cuando te sorprenden las noticias para las que nada podría haberte preparado. En un momento estás pensando en qué cocinar para la cena y al siguiente te estás preguntando si estarás ahí para cocinar muchas más cenas.

Una de las cosas más sagradas de mi vida es la confianza que muchas mujeres depositan en mí. No lo tomo a la ligera cuando, ya sea en una nota o cara a cara, alguien comparte su dolor y sus preguntas. Aun mientras estoy leyendo o escuchando, las estoy elevando al trono de la gracia y la misericordia, y orando la promesa de este texto sobre ellas:

> Así que acerquémonos confiadamente al trono de la gracia para recibir la misericordia y encontrar la gracia que nos ayuden oportunamente. (Hebreos 4:16)

Hallaremos la gracia cuando más la necesitemos. A veces nuestra necesidad es abrumadora.

Mi hijo está drogado otra vez y no sé dónde está esta noche.

Mi esposo malversó dinero de nuestra iglesia e irá a prisión.

Mi hija vive con un hombre que le dobla la edad y creo que está abusando de ella.

Creo que mi esposo es pedófilo.

Tuve una aventura, y ahora estoy embarazada esperando un hijo de otro hombre.

¿Cómo orar cuando te sientes como si te hubieran quitado el aliento, cuando los únicos sonidos que puedes hacer se asemejan a los gemidos de un animal herido, cuando sientes que orar es imposible? Te preguntas cómo puedes, incluso, encontrar palabras para comprender lo que estás tratando de decir. ¿Por dónde empiezas? El camino por delante es completamente negro, sin luces ni señales que den ni la más mínima pista. No tienes un mapa para este viaje. No, no tienes un mapa, pero en Cristo tienes un guía. A medida que los días más oscuros de la historia humana comenzaron a desarrollarse, Jesús nos dio un plan en cuanto a cómo orar cuando es más difícil hacerlo.

El comienzo

«Es tal la angustia que me invade que me siento morir —les dijo—». (Marcos 14:34)

Si lees el Evangelio de Marcos verás que, en el capítulo 14, el ritmo se acelera. Es el principio del fin para Jesús. Al final de ese capítulo, Cristo fue traicionado y arrestado, pero Marcos comienza preparando el escenario para el acto final, diciéndonos que ahora son dos días antes de la Pascua y la fiesta de los Panes sin levadura.

La Pascua era una de las tres grandes fiestas para los judíos. Miles de personas acudían a Jerusalén para celebrar y los preparativos que ocurrían durante el mes anterior eran extensos. Se restauraban los caminos, se eliminaba la basura y se enseñaba en el templo una y otra vez el verdadero significado de la Pascua. Enterrar a las personas al costado del camino era común en aquellos días, pero ningún peregrino que se dirigía a Jerusalén podía entrar en contacto con un cadáver. Si lo hacía, no se les permitiría participar en la fiesta. De modo que, según el teólogo escocés William Barclay, todas esas tumbas eran encaladas para que pudieran ser reconocidas y evitadas.[1]

A todos los hombres adultos que vivían a veinticuatro kilómetros de Jerusalén se les requería que celebraran en la ciudad, pero miles más acudían de todo el mundo. La gran ironía de esa historia es que Jerusalén estaba abarrotada de aquellos que venían a sacrificar un cordero a Dios, sin saber que el Cordero perfecto de Dios estaba a punto de ser sacrificado fuera de los muros de la ciudad.

El plan de Jesús para la oración

«Al anochecer llegó Jesús con los doce. Mientras estaban sentados a la mesa comiendo, dijo: "Les aseguro que uno de ustedes, que está comiendo conmigo, me va a traicionar". Ellos se pusieron tristes, y uno tras otro empezaron a preguntarle: ¿Acaso seré yo?».

—Es uno de los doce —contestó—, uno que moja el pan conmigo en el plato.

El Hijo del hombre se irá, tal como está escrito de él, pero ¡ay de aquel que lo traiciona! Más le valdría a ese hombre no haber nacido». (Marcos 14:17-21)

A menudo me he preguntado cómo pudo Jesús sentarse y celebrar la Pascua con sus amigos, sabiendo lo que sucedería en unas pocas horas. No tenían idea de lo que les depararía la noche, pero Jesús sí. Solía imaginar que esa noche, se reclinaron en la mesa y simplemente hablaron entre ellos, pero me equivoqué. La celebración de la Pascua fue un evento sagrado muy detallado, un recuerdo de cómo liberó Dios a su pueblo de Egipto. Había un orden en las historias que se contaban, cuando se tomaba el vino, cuando se partía el pan. Se colocaban hierbas amargas entre el pan sin levadura para recordar la amargura del cautiverio de sus antepasados. Se cantaban canciones de liberación, de forma que cuando salieron del aposento alto y se dirigieron al Monte de los Olivos, los discípulos y Jesús entonaban la canción final de la Pascua mientras caminaban, el Salmo 136:

Den gracias al SEÑOR, porque él es bueno;
su gran amor perdura para siempre.
Den gracias al Dios de dioses;
su gran amor perdura para siempre.
Den gracias al SEÑOR omnipotente;
su gran amor perdura para siempre. (vv. 1-3)

Aunque cantaban, no tenían idea de lo bueno. No tenían idea de cómo ser fieles. Mientras el reloj seguía contando la hora de su traición, Jesús llevó a sus amigos al olivar llamado Getsemaní. No había jardines dentro de Jerusalén, pero algunas familias ricas tenían huertos fuera de los muros de la ciudad. Debe haber sido una familia amiga de Jesús la que le dio la bienvenida para usar su jardín para la oración. Esa noche, dejando a ocho de los discípulos en la entrada, Jesús llevó a Pedro, Santiago y Juan más adentro del huerto para que estuvieran con Él. El alcance total de lo que estaba a punto de suceder invadió a Jesús abrumadoramente. Él sabía lo que le esperaba y solo faltaban unas pocas horas. Me cuesta leer los siguientes versículos. Estamos invitados a la agonía privada de nuestro Salvador. Si alguna vez te has preguntado: ¿cómo oró en ese lugar, en ese territorio desconocido y devastador?, escucha. Jesús nos invita a su propia oración.

Se llevó a Pedro, a Jacobo y a Juan, y comenzó a sentir temor y tristeza. «Es tal la angustia que me invade que me siento morir —les dijo—. Quédense aquí y vigilen».

Yendo un poco más allá, se postró en tierra y empezó a orar que, de ser posible, no tuviera él que pasar por aquella hora. Decía: «*Abba*, Padre, todo es posible para ti. No me hagas beber este trago amargo, pero no sea lo que yo quiero, sino lo que quieres tú». (Marcos 14:33-36 CST)

Me sorprende la vulnerabilidad y la brutal franqueza de Cristo aquí. A pesar de que se había preparado para caminar a través de este infierno, no había indicio de fanfarronería, ni cara de envalentonado. Jesús fue sincero, abatido por el dolor a punto de morir. Lucas, el médico, nos da un detalle que el Evangelio de Marcos omite. Esto era significativo para un médico.

Pero, como estaba angustiado, se puso a orar con más fervor, y su sudor era como gotas de sangre que caían a tierra. (Lucas 22:44)

El sudor de Jesús caía como grandes gotas de sangre. Esta condición, hematohidrosis, resulta en la excreción de sangre a través de las glándulas sudoríparas. No puedo imaginar el tipo de agonía que haría eso posible. Como médico, Lucas registró ese raro fenómeno fisiológico, pero significativo, que ocurre solo en casos de agonía extrema. Lucas quería que supiéramos cuánto le costó el sufrimiento a Jesús. Se han registrado casos raros de hematohidrosis en nuestro tiempo, y lo que ahora sabemos es esto: aunque el grado de pérdida de sangre casi siempre es mínimo, la hematohidrosis hace que la piel se vuelva extremadamente sensible y frágil, lo que habría hecho que la crucifixión fuera aún más dolorosa.

Cuando transites por lo inimaginable, no sientas nunca que debes mantener la barbilla en alto y ser un «buen testigo». El Cordero perfecto de Dios dejó en claro que algunas cosas son simplemente demasiado difíciles de enfrentar, cosas que no podemos hacer por nuestra cuenta. Jesús les pidió a sus amigos más cercanos que estuvieran con Él mientras oraba. Los amigos no pueden eliminar el dolor de la vida, pero pueden hacernos sentir menos solos. Cuando estás en un Getsemaní por tu cuenta, realmente no quieres las palabras de otros, solo su presencia. ¿Fue por eso que Jesús les pidió a sus amigos que lo vigilaran? ¿Quizás Jesús quería que permanecieran despiertos mientras oraba con el fin de prepararlos para la noche violenta que se avecinaba cuando lo escucharon orar con tanta agonía? Tal vez debían estar atentos al sonido de las botas que marchaban y la luz de las antorchas que flameaban, de forma que Jesús pudiera tener el tiempo que necesitaba para hablar con su Padre.

Sin embargo, cuando Jesús se postró en el suelo y comenzó a orar, está claro a quién recurría para obtener fuerza. No dependía de la fuerza de sus amigos, sino de su Padre, su Abba. Este es el único registro de Jesús llamando a Dios Abba. Es una forma muy íntima y personal en la que un hijo llama a su papá. El término *Abba* se encuentra en las Escrituras solo tres veces; Jesús la usa una vez y Pablo dos veces (Marcos 14:36; Romanos 8:15; Gálatas 4:6). Pablo usó este término íntimo al escribir a la iglesia en Roma y a la iglesia en Galacia (Turquía central). *Abba* es una palabra aramea. Si alguna vez viajas a Israel, escucharás a los niños pequeños llamar a sus padres en los concurridos mercados, «Abba», «Papá». En su agonía, Jesús usó el término más familiar e íntimo de todos, *Abba*.

Algunos han cuestionado si la agonía de Cristo fue real. Puesto que es el Hijo de Dios, ¿tendría fuerza sobrenatural para lo que le esperaba?

Cristo era completamente Dios y completamente hombre, y fue Cristo el hombre que se postró en el jardín esa noche. Jesús, como humano, no quería morir. Sabía que, aunque el dolor físico de la crucifixión sería casi insoportable, el mayor dolor de todos sería ese momento en la cruz cuando el pecado del mundo sería derramado sobre Él y, por única vez en la eternidad, se separaría de su Padre. Jesús oró en cuanto a dos cosas cruciales que debemos entender cuando enfrentamos nuestros días más oscuros.

Primero, rogó por una salida. Él clamó: «No me hagas beber este trago amargo, pero no sea lo que yo quiero, sino lo que quieres tú» (Marcos 14:36).

He escuchado la esencia de esa oración por parte de miles de mujeres a lo largo de los años en muchas y diversas maneras. *Dios, es lo suficientemente grande como para quitarte esto. Nada es imposible para ti. Tengo fe en ti. Creo que puedes cambiar esto. No quiero hacer esto. Por favor, quita esto. Salva mi matrimonio. Sáname. Salva a mi hijo. Sabes que puedes. Por favor, Dios, ¡te lo ruego!*

Si Cristo suplicó ser liberado de lo que se avecinaba, ¿por qué deberíamos pensar que carecemos de fe cuando oramos de la misma manera? Seamos francas con Dios. Estamos invitadas a presentarnos tal como somos, con las emociones desnudas, con el corazón roto, desesperadas. Habiendo llorado hasta que no nos quedan lágrimas, ni palabras, escuchamos nuevamente mientras Cristo continúa orando.

Segundo, oró para que se hiciera la voluntad de Dios. He llorado con amigos que también han inclinado sus corazones rotos ante nuestro Dios, cuyos caminos son más altos que los nuestros, cuyos pensamientos están mucho más allá de nuestro entendimiento.

Tales oraciones convierten una sala de estar en suelo santo. *Quiero que mi vida te glorifique. Sé que podrías cambiar esto, pero si no es tu voluntad, deseo que hagas la tuya. No lo entiendo, pero lo acepto. Te amo, y si así es como deberían ser las cosas, por tanto ¡digo que sí!*

Servimos a un Padre amoroso que llora con nosotros, que recoge nuestras lágrimas. Me agrada esta promesa del Salmo 56:8:

Toma en cuenta mis lamentos;
registra mi llanto en tu libro.
¿Acaso no lo tienes anotado?

Paz en lo desconocido

El tráfico fue terrible en Dallas ese día cuando Barry me llevó al hospital. Suele ser malo, pero ese día parecía particularmente lento. Supe que estaba ansioso y preocupado al ver que tocaba inusualmente la bocina para que el tráfico se moviera. Yo estaba distraída. Lo que necesitaba no era una respuesta; necesitaba a Jesús. Puse mi asiento hacia atrás, cerré los ojos y hablé con mi Abba Padre.

Señor, no sé lo qué es esto. Estoy asustada. Si hay algo en mi cerebro que esté a punto de estallar, ¡detenlo! No quiero hacerle esto a mi hijo. Sería muy difícil. Por favor, ayúdame.

De repente, el tráfico comenzó a moverse y, antes de que supiera lo que estaba sucediendo, Barry se detuvo frente a la sala de emergencias. Entramos a una habitación llena de gente, unos con una mirada desesperada en sus rostros y otros esperando respuestas. En una esquina, un niño lloraba mientras su madre sostenía una toalla ensangrentada alrededor de su brazo. Barry me dijo que me sentara y fue a hablar con la mujer que estaba en el mostrador de entrada. No sé lo que dijo, pero de repente me llevaron a una habitación y un joven médico comenzó a hacerme preguntas. Todo parecía estar sucediendo muy rápido. Me puse una bata y me llevaron a hacerme una tomografía computarizada en cuestión de minutos. Me eché de espaldas cuando la mesa entró en el escáner. Hacía frío y la camilla era dura. Las cosas zumbaban alrededor de mi cabeza cuando me dijeron que me quedara quieta y no me moviera. Parecía que estaba sola ahí, pero no era así.

Aquí estamos, Señor. Esto da miedo. Me contenta mucho que estés conmigo. Así que aquí está lo que pienso. Me gustaría que no haya nada malo, pero más que eso, quiero tu voluntad. Realmente quiero que hagas tu voluntad. Eres mi todo. Si esta cosa explota y todo cambia, aún estarás conmigo. Amas a Barry y a Christian más de lo que nunca pude hacerlo, así que te lo dejo. Te amo Jesús.

Cuando terminó la exploración, me llevaron de vuelta a la habitación donde estaba Barry, y esperamos y esperamos. Finalmente, entró el médico, que nos dijo: «Buenas noticias. Todo está bien. Puede que estés trabajando demasiado duro. Tómate un día libre de vez en cuando», y luego siguió con el siguiente paciente.

> *Cuando estás en medio de los días más difíciles, Cristo promete su presencia y su paz.*

Me vestí y nos fuimos. Aquello fue surrealista. Habían pasado muchas cosas en solo unas pocas horas, pero el mayor regalo de ese día fue la paz que Cristo me dio antes de saber lo que iba a suceder. Cuando estás en medio de los días más difíciles, Cristo promete su presencia y su paz.

A Jesús le gusta que le pidas

Hay momentos clave en la vida que te muestran lo que ha estado sucediendo en tu corazón y tu espíritu, aunque es posible que no hayas sido consciente del crecimiento o el cambio. Estoy segura de que puedes pensar en algunos de ellos. Algo sucede y reaccionas de manera diferente a como lo harías hace diez, veinte o más años. Esos momentos nos muestran cómo Dios, en su misericordia, nos ha fortalecido y cómo el Espíritu Santo nos ha estado moldeando. Una de las mejores lecciones que estoy aprendiendo —de la vida de Cristo— es que la oración le importa y, a medida que crecemos, debería importarnos cada vez más. S. D. Gordon lo expresó de esta manera al resumir la vida de Cristo: «Treinta años de vida, tres años de servicio, un tremendo acto de muerte y dos mil años de oración».[2]

Piénsalo. Es asombroso.

No sé dónde estés ahora con respecto a la oración. Si estás en una temporada difícil que no parece llegar a su fin, puedes sentirte tentada a dejar de orar porque nada parece estar cambiando. Sin embargo, lo que he aprendido es que cuando sigo orando, cuando me niego a rendirme, cuando oro más fuerte, cuando es más difícil orar, soy cambiada, aunque las circunstancias cambien o no.

En un evento reciente, alguien me preguntó por qué debíamos molestarnos en orar si, en cualquier caso, Dios lo sabe todo. Su razonamiento era que Dios ya sabe lo que va a hacer, entonces, ¿por qué molestarse? Le dije que, si orar fue importante para Jesús, entonces debería importarnos. Agregué que creo que a Dios le gusta que le pidamos. Soy una gran fanática de C. S. Lewis y he leído todos sus libros para niños. Me encanta este diálogo de *El sobrino del mago*:

—Bueno, creo que alguien podría haber arreglado nuestras comidas —dijo Digory.

—Estoy seguro de que Aslan lo habría hecho, si se lo hubieras pedido —dijo Fledge.

—¿No lo sabría sin que se lo pidan? —dijo Polly.

—No tengo dudas de que lo haría —dijo el Caballo—. Pero tengo cierta idea de que le gusta que le pidan.[3]

Creo que a Jesús también le gusta que le pidan. No importa lo que estés enfrentando en el momento, habla con tu Padre. Recuerda la oración de Jesús en el jardín aquella noche terrible. Sé sincera. Sé auténtica. Derrama tu corazón. Clama si es necesario, hasta que hayas dicho todo lo que necesitas decir, y luego levanta tu corazón y tus manos al cielo y ora con nuestro Salvador. Sin embargo, *quiero que se haga tu voluntad, no la mía*. Es difícil, lo sé. Si estás en uno de los lugares más difíciles en los que has estado, orar en algunas circunstancias puede parecer imposible. Recuerda a nuestro Salvador. En la noche en que parecía que la oración hubiera sido la más difícil, era lo que más le importaba.

Las mujeres que
oran avanzan
en oración aun
cuando la vida
sea dura.

RECORDATORIOS DE ORACIÓN

1. Ora más fuerte cuando sea más difícil orar.
2. Ora como Jesús, significativamente franca y completamente sensible.
3. Ora para que se haga la voluntad de Dios.

UNA ORACIÓN CUANDO ES DIFÍCIL ORAR

Padre:

No entiendo lo que está pasando en mi vida en este momento. Es muy difícil. Eres lo suficientemente grande como para cambiarla, eres lo suficientemente amoroso como para querer, pero nada parece cambiar. No me gusta esto. No lo quiero. Te estoy pidiendo ayuda. Quiero orar como Jesús lo hacía, pero necesito tu ayuda. Quiero tu voluntad; ayúdame a quererla más. Quiero rendirme; ayúdame a dejar pasar las cosas. Confío en ti; ayúdame a confiar más en ti. En el nombre de Jesús, amén.

Ora a través de tu dolor

Las mujeres que oran ruegan en medio de su quebranto, hasta que este se convierte en su autoridad.

Aunque el mundo está lleno de sufrimiento, también lo está de la superación de este.

Helen Keller

Nos vemos atribulados en todo, pero no abatidos; perplejos, pero no desesperados; perseguidos, pero no abandonados; derribados, pero no destruidos. Dondequiera que vamos, siempre llevamos en nuestro cuerpo la muerte de Jesús, para que también su vida se manifieste en nuestro cuerpo.

2 Corintios 4:8-10

Enterramos a mi madre en el verano de 2016. Tenía ochenta y seis años. Me quedé en Escocia unos días para ayudar a mi hermana, Frances

—a ordenar sus cosas— y luego volé a casa en Dallas. Habíamos hablado sobre lo que nos gustaría poner en su lápida. Fue enterrada en la misma parcela que sus padres, por lo que elegimos una piedra más grande para incluirlos a los tres. Cuando Frances me envió una foto de la pieza terminada, sentí como si me hubieran apuñalado en el corazón. Esta no era una herida nueva; era muy, muy vieja. La piedra decía en parte:

En recuerdo amoroso a Alexander Nicol [mi abuelo], su esposa —Margaret Nicol [mi abuela]— y su hija, Elizabeth Walsh. Muy amados padres y abuelos. En la paz del Señor.

Fue hermoso. Era de lo que habíamos conversado, pero —de repente— era obvio lo que faltaba, había una ausencia en el mármol. ¿Dónde estaba mi padre? ¿Por qué no fue mencionado?

El comportamiento violento de mi padre, después de su aneurisma cerebral, lo había convertido en una persona aterradora. Tras ser internado en un asilo de la localidad, logró escapar una noche y regresó a nuestra casa. Nunca antes he hablado de esa noche. No conozco todos los detalles de lo que sucedió esa noche, ya que fue difícil para mamá hablar. Basta decir que pasaron unas horas terribles antes de que el personal del asilo llegara para llevarlo de regreso. Después de que mi padre se quitó la vida, fue enterrado en algún lugar de una tumba sin nombre y nos mudamos de esa ciudad. No era él mismo cuando murió, y he llorado muchas lágrimas en privado a lo largo de los años ante la idea de que su lugar de descanso quede sin nombre, desconocido. Volé a casa en Escocia una vez e intenté encontrar su tumba, pero no pude. Sé que está con Cristo, pero lamento la vergüenza en la que fue enterrado. Cuando vi la foto de la lápida de mamá, sentí una nueva oleada de dolor y pena por mi padre. Las heridas viejas todavía duelen.

¿Cómo oras por algo que no puedes cambiar? ¿Cómo oras cuando sientes que ni siquiera sabes cómo poner en palabras lo que estás pidiendo? Todo lo que pude decir fue: «Señor, me duele mucho». Quizás algún día encontremos el lugar donde fue enterrado y esto se resuelva; y finalmente podamos levantar una lápida que diga:

En recuerdo amoroso a Francis Walsh, esposo de Elizabeth y amado padre de Frances, Sheila y Stephen. En la paz del Señor.

Hasta ese día, oraré por mi dolor.

Purificada por el dolor

El dolor viene en todo tipo de paquetes. Unas veces son profundas heridas emocionales. Otras, son heridas físicas, casi más de lo que puedes soportar.

En la primavera de 2017, entrevisté a mi amiga Michele Cushatt en mi programa televisivo *Life Today*. Conocí a Michele antes del cáncer, ahora estaba conmigo en el estudio después de su tercer ataque de cáncer en la boca.

El primero llegó cuando tenía solo treinta y nueve años. Su médico le dijo, justo antes del Día de Acción de Gracias, que tenía carcinoma de células escamosas de la lengua. Ella nunca había oído hablar de tal cosa. Aparentemente, es algo que los grandes fumadores pueden enfrentar, pero Michele nunca había tocado un cigarrillo. Lo que siguió para ella fueron citas médicas, escáneres y una cirugía dolorosa para extirpar una pequeña sección de su lengua. Después de esa primera cirugía, los médicos le dijeron que ese era el mejor escenario posible. Habían extirpado el cáncer temprano. Luego volvió. Dos veces. Tres años después y nuevamente ocho meses después de eso. El último combate fue devastador y le cambió la vida. Una operación de nueve horas seguida de dos meses de quimioterapia y radiaciones.

Cuando se sentó en la silla de maquillaje antes de que comenzáramos a grabar, sus ojos se encontraron con los míos, y no puedo encontrar las palabras para expresar adecuadamente lo que vi. ¿Hubo victoria? Sí, ella está viva y con cada respiración da gloria a Dios, pero había más que eso. Lo que vi fue solo un vistazo de lo que esta experiencia todavía le está costando. Ese no es nuestro tipo de historia favorita. Aceptaremos el comienzo difícil, luego una lucha en el medio, pero queremos un final feliz en el que el dolor pertenezca al pasado. Esa no es su historia y puede que tampoco sea la tuya. ¿Cómo sigues siendo una mujer de oración cuando tus oraciones no han sido respondidas como quisieras?

> *Cuando nos despojan de todo lo que solíamos depender y somos sacudidas hasta el núcleo mismo de lo que somos, o nos alejamos de la fe o nos dedicamos totalmente a nuestro Salvador herido.*

Cuando Michele se sentó frente a mí, supe que hablar era muy difícil para ella. Le queda solo un tercio de su lengua, por lo que le es doloroso hablar, pero la autoridad en cada palabra ganada con esfuerzo era asombrosa. Ella me dijo que le encantaba el Domingo de Pascua, después de todo, es nuestro día de gloria en la iglesia puesto que celebramos al Cristo resucitado. Pero también me dijo que ahora encuentra un gran consuelo en el Viernes Santo, puesto que sabe que Cristo comprende su sufrimiento. En mi opinión, no es casualidad que el enemigo haya intentado quitarle su capacidad de hablar. Ella es una comunicadora poderosa. Pero como siempre, exageró su asquerosa mano. Un tercio de una lengua consagrada a Cristo es un arma más poderosa que mil lenguas sin Él. Cuando nos despojan de todo lo que solíamos depender y somos sacudidas hasta el núcleo mismo de lo que somos, o nos alejamos de la fe o nos dedicamos totalmente a nuestro Salvador herido. Cuando Michele ora ahora, las líneas de batalla son muy claras. Hay un enemigo, y hay un Cristo, que lleva la corona de victoria. Ella ha aprendido a hacer una feroz batalla espiritual en la primera línea del sufrimiento.

Donde están tus heridas está tu autoridad

Mientras escribo, me pregunto sobre tu vida y por lo que has pasado. ¿Cuáles son las cosas a las que nunca dijiste que sí pero que, de todos modos, sucedieron? ¿Cuáles son las pérdidas? ¿Cuáles son las luchas? Cuando tus ojos han derramado tantas lágrimas, se despeja tu visión espiritual.

He visto suceder eso en otra amiga, Darlene Zschech. Muchos la conocen por la canción de adoración «Shout to the Lord», que escribió cuando era líder de adoración en la Iglesia Hillsong en Sydney, Australia. Conocía y amaba a Darlene en aquel entonces, pero después de que le diagnosticaron cáncer de seno en 2013, conocí a una Darlene aún más ungida. Una semana antes de Navidad, cuando salía de compras con su esposo, Mark, entró en la Clínica de Senos de Sydney, para aclararse un pequeño bulto pero, en vez de eso, le dijeron que tenía cáncer. Pasó un año muy fuerte de quimioterapia y perdió su hermoso cabello rubio, pero algo en su interior cambió. Estuvimos juntas en un evento recientemente con unas cinco mil mujeres, y Darlene les pidió que se pusieran de pie si habían recibido un diagnóstico de cáncer de seno. Me abrumó ver cuántas mujeres se levantaron. Entonces ella comenzó a orar. Fue una de las oraciones más ungidas y poderosas que jamás haya vivido. Oró como una persona con autoridad porque había pasado por eso. La vi sentir el dolor de su experiencia y orar por otras mujeres. Fue realmente un momento sagrado.

Mi historia y las de Michele y Darlene probablemente sean diferentes de la tuya. Tienes una historia propia y ahí, donde están tus heridas, radica tu autoridad en Cristo. Podemos retroceder en medio de las luchas o, por la gracia de Dios, levantarnos y orar por causa del dolor. Déjame hacer una pausa aquí y reconocer lo blanco y negro que puede parecer. La vida rara vez es tan clara como eso. Es posible que sientas el

> *Podemos retroceder en medio de las luchas o, por la gracia de Dios, levantarnos y orar por causa del dolor.*

mayor dolor de tu existencia y estés luchando por orar a través de este. Cuando busqué en mi corazón y le pedí al Espíritu Santo que me entendiera, me di cuenta de que a menudo luchamos no por nuestra visión de Dios sino por las mentiras que hemos creído sobre nosotras mismas.

Las mentiras que hemos creído

Pensé y oré sobre esto durante mucho tiempo y le pregunté al Señor: «¿Cuáles son las mentiras que he creído?». La respuesta me sorprendió y me mostró cuán profundamente pueden ser introducidas estas mentiras y cuánto tiempo podríamos haberlas creído como verdades. Cuando el Señor comenzó a revelarme la mentira más grande que creí, me fue difícil enfrentarla. Es terrible escribir sobre eso.

Desde que era una niña, he tenido un profundo miedo a que al fin me mate el que se supone que me ama más. El origen del miedo no es difícil de rastrear. Estaba desgarrada por mis emociones en cuanto a mi padre. Admiraba a mi padre, pero su aneurisma cerebral lo convirtió en una persona diferente, un extraño enojado un día y un padre llorón y arrepentido al día siguiente. Era como vivir en la realidad del Dr. Jekyll y el Sr. Hyde, sin saber cuál despertaría cada mañana. Estoy bastante segura de que es por eso que temo a los payasos o a cualquier persona que use máscara. Recuerdo que después de un concierto, hace años, mi banda británica pensó que sería divertido conseguir pizza en el lugar de comida y diversión para niños Chuck E. Cheese. Estaba haciendo fila esperando pagar por la comida, cuando alguien me tocó en el hombro. Cuando me di vuelta y vi a alguien disfrazado de ratón, grité y le lancé la bandeja. Todos en la fila pensaron que era divertido, y fingí que para mí también, pero la verdad es que estaba aterrorizada. Como no podía ver los ojos de la persona, no sabía quién estaba delante de mí, alguien bueno o malo.

Lo que me sorprendió es que he permitido que mi miedo permanezca escondido en lo más profundo de mi alma por mucho tiempo y, ahora, lo he transferido a mi amado esposo, Barry. Si Barry está manejando (es un buen conductor, ¡por cierto!), temo —a nivel intestinal— que tendremos un accidente y seré la única en morir. Podré verlo venir, pero no habrá nada que pueda hacer para detenerlo. Estoy segura de que me sentía impotente con la ira de mi padre cuando era niña, pero la verdad es que Cristo ha estado conmigo desde entonces y hasta ahora. Me horroriza haberle dado territorio al enemigo para atormentarme durante tanto tiempo. Yo pertenezco a Cristo. Mis días están en sus manos. Así que he renunciado a mi miedo en el poderoso nombre de Jesucristo. Esa es mi oración por ti también. Como Pablo, que le escribió a la iglesia en Corinto, aunque Satanás nos está persiguiendo, Dios nunca nos abandona (2 Corintios 4:9-11).

¿Cuáles son las mentiras que has creído? ¿Qué dolor han causado en tu vida? ¿Qué elecciones han hecho por ti? Es hora de enfrentarlas en el nombre de Jesús y reemplazarlas con la verdad. A lo largo de los años, muchas mujeres han compartido conmigo las mentiras profundamente arraigadas que han permitido que echen raíces. El enemigo no quiere que ores por tu dolor. Él quiere que te quedes en él para que nunca puedas seguir adelante con Cristo. Estas son algunas de sus mentiras. ¿Cuáles te están refrenando?

No soy suficiente.

No vale la pena amarlo.

No soy una buena esposa.

No soy una buena mamá.

Nunca cambiaré.

No puedo hacer esto.

Nunca superaré mi pasado.

No tengo sentido de pertenencia.

Siempre voy a estar sola.

Nunca podré seguir adelante.

La mentira número uno que escucho con más frecuencia que ninguna otra es la primera: «No soy suficiente». No parece importar si somos ricas o pobres, exitosas a los ojos del mundo o no, esa mentira parece ser central, la mentira más primitiva de todas. Creo que hay una razón para ello. Fue la primera mentira que se habló en nuestro planeta. Es lo que Satanás le insinuó a Eva. Él quería que ella creyera que Dios los estaba resistiendo, que como eran, no eran suficientes. Ese fue nuestro primer momento «no soy suficiente».

Dios sabe muy bien que, cuando coman de ese árbol, se les abrirán los ojos y llegarán a ser como Dios, conocedores del bien y del mal. La mujer vio que el fruto del árbol era bueno para comer, y que tenía buen aspecto y era deseable para adquirir sabiduría, así que tomó de su fruto y comió. Luego le dio a su esposo, y también él comió. En ese momento se les abrieron los ojos, y tomaron conciencia de su desnudez. Por eso, para cubrirse entretejieron hojas de higuera. (Génesis 3:5-7)

El mensaje de Satanás fue claro: «Así como eres ahora, no eres suficiente, pero si comes de este fruto, lo serás». Creer que la mentira devastó las vidas de Adán y Eva ha estado jugando con nosotros desde entonces. Parece estar integrado a nuestro ADN. Si el enemigo puede obligarnos a aceptar esa mentira y la vergüenza que implica, entonces el resto de las mentiras también serán más fáciles de creer. Si sentimos que hemos fallado como esposa o madre o lo que sea, todo se deriva de la mentira —en el jardín— de que no somos suficientes.

Cuando permitimos que esa sea la verdad que creemos, nos quedamos atrapadas en la vergüenza y no vivimos como Dios nos ha llamado y equipado. Nos quedamos atrapadas en nuestro dolor y no podemos orar por él. Satanás conoce el poder de la oración. Jesús nos dijo cuál es la misión del enemigo, pero también reveló su plan: ¡la vida! No solo la supervivencia sino la vida y la vida en abundancia.

El ladrón no viene más que a robar, matar y destruir; yo he venido para que tengan vida, y la tengan en abundancia. (Juan 10:10)

Quizás no se supone que seamos suficientes

Aquí hay un misterio espiritual que vale la pena dilucidar hasta aclararlo. Debido a que vivimos en un planeta destrozado en el que se introdujo el pecado, siempre experimentaremos sentimientos de que la vida no es lo que se supone que sea a este lado de la eternidad. Este no era el plan A de Dios. Ningún matrimonio será perfecto. Ninguna crianza será perfecta. El sentido de autoestima de nadie será el correcto. Cuando buscamos llegar a esos lugares, es cuando nos sentimos derrotadas y menospreciadas. No se supone que seamos suficiente. Por eso vino Jesús.

Nuestro Príncipe guerrero entra en nuestras historias y redefine lo que somos, no en nosotras mismas sino en Él. Cuando Pablo escribió a la iglesia en Galacia, les recordó esta verdad espiritual:

> Mi antiguo yo ha sido crucificado con Cristo. Ya no vivo yo, sino que Cristo vive en mí. Así que vivo en este cuerpo terrenal confiando en el Hijo de Dios, quien me amó y se entregó a sí mismo por mí. (Gálatas 2:20 NTV)

A los creyentes en Galacia se les estaba enseñando un evangelio falso y diferente del que Pablo había compartido con ellos. Ahora se les decía que, si querían agradar a Dios, tenían que adherirse a las leyes judías. La iglesia en Galacia era una iglesia gentil y, cuando Pablo visitó y predicó el evangelio por primera vez, la gente lo recibió con fe; pero ahora estaban siendo desviados. Pablo les dejó en claro a ellos y a nosotros que no hay nada que ellos o nosotros podamos hacer para tratar de ser lo suficientemente buenos para Dios. Jesús lo hizo por nosotros. Tú y yo vivimos en estos cuerpos terrenales que nos han sido dados, pero nuestra confianza está en Cristo. En nuestro peor día o en el mejor, somos amadas y recibimos lo mismo porque Cristo vive en nosotras. Al enemigo le encantaría que te sintieras como una extraña, como si no encajaras, pero sí encajas. ¡Eres familia!

Cuando sientas que no perteneces:

iFíjense qué gran amor nos ha dado el Padre, que se nos llame hijos de Dios! iY lo somos! «El mundo no nos conoce, precisamente porque no lo conoció a él». (1 Juan 3:1)

Cuando sientas que no eres amada o querida:

Hermanos amados de Dios, sabemos que él los ha escogido. (1 Tesalonicenses 1:4)

Cuando te resulte difícil perdonarte a ti misma:

En él tenemos la redención mediante su sangre, el perdón de nuestros pecados, conforme a las riquezas de la gracia. (Efesios 1:7)

Cuando te sientas sola:

Pues estoy convencido de que ni la muerte ni la vida, ni los ángeles ni los demonios, ni lo presente ni lo por venir, ni los poderes, ni lo alto ni lo profundo, ni cosa alguna en toda la creación podrá apartarnos del amor que Dios nos ha manifestado en Cristo Jesús nuestro Señor. (Romanos 8:38-39)

Cuando creas que nunca superarás esta vida:

Estoy convencido de esto: el que comenzó tan buena obra en ustedes la irá perfeccionando hasta el día de Cristo Jesús. (Filipenses 1:6)

Hay muchos más pasajes de las Escrituras que podría compartir aquí, pero el punto es que Dios dice que somos sus hijas, somos amadas, somos perdonadas, estamos unidas con Cristo y estamos siendo completadas en Él. Para ser mujeres que oran y que deciden seguir orando a través del dolor de la vida, tendremos que luchar por nuestra fe. Tendremos que elegir creer que lo que Dios dice acerca de nosotras es verdad, no importa cuán fuertes sean las mentiras. Sería maravilloso si nos fuéramos a dormir y nos despertáramos llenas de fe, pero Cristo nos pregunta: «¿Te gustaría recuperarte?». Si la respuesta es sí, entonces hay una elección que tú y yo debemos tomar por nosotras mismas.

¿Quieres estar bien?

En mi adolescencia, nunca entendí la siguiente historia. Pensé que la pregunta que hizo Jesús era la más extraña que podía hacérsele a alguien. Si un hombre estaba enfermo, por supuesto que querría recuperarse. Ahora veo que hay más en la historia de lo que entendí por primera vez.

Después Jesús regresó a Jerusalén para la celebración de uno de los días sagrados de los judíos. Dentro de la ciudad, cerca de la puerta de las Ovejas, se encontraba el estanque de Betesda que tenía cinco pórticos cubiertos. Una multitud de enfermos —ciegos, cojos, paralíticos— estaban tendidos en los pórticos. Uno de ellos era un hombre que hacía treinta y ocho años que estaba enfermo. Cuando Jesús lo vio y supo que hacía tanto que padecía la enfermedad, le preguntó:

—¿Te gustaría recuperar la salud?

—Es que no puedo, señor —contestó el enfermo—, porque no tengo a nadie que me meta en el estanque cuando se agita el agua. Siempre alguien llega antes que yo.

Jesús le dijo:

—¡Ponte de pie, toma tu camilla y anda! ¡Al instante, el hombre quedó sano!

Enrolló la camilla, ¡y comenzó a caminar! (Juan 5:1-9 NTV)

Si alguna vez has ido a Israel y visitaste la Iglesia de Santa Ana en Jerusalén, es posible que hayas visto la excavación que ha revelado ese antiguo estanque. Algunos dicen que su nombre significa «Casa de misericordia»; otras traducciones dicen «Casa de los Olivos» o «Casa de gracia». Cualquiera que sea su traducción es correcta, una cosa está clara: se convirtió en una casa de gracia y misericordia para un hombre que había estado acostado allí desde antes de que Cristo naciera. No sabemos por qué Jesús eligió a ese hombre. Los pórticos que rodeaban la piscina estaban llenos de personas enfermas, ciegas, lisiadas, cojas. Me pregunto si Jesús lo eligió porque parecía el más desesperado, ya que había estado allí por tanto tiempo.

La razón por la que los pórticos estaban llenos de personas enfermas era porque creían que en ciertos momentos un ángel removería el agua y la primera persona que entrara al agua sería sanada. Si eso no se aclara en tu Biblia, es porque muchas de nuestras traducciones más comunes omiten el versículo 4 (a continuación), ya que muchos traductores dudan de que este versículo sea parte de los manuscritos originales más confiables.

Porque un ángel descendía de tiempo en tiempo al estanque, y agitaba el agua; y el que primero descendía al estanque después del movimiento del agua, quedaba sano de cualquier enfermedad que tuviese. (RVR1960)

Puede que haya habido o no un ángel ahí, pero Uno más grande caminó entre ellos ese día. Cuando Jesús vio al hombre, supo su historia. Nadie tuvo que decirle que ese hombre había estado indefenso por años, al igual que nadie tiene que decirle a Jesús con lo que has estado lidiando durante tanto tiempo como lo has hecho. Él se detuvo junto al hombre y le hizo esta interesante pregunta: «¿Te gustaría ser sano?».

Me pregunto si quería ver si el hombre había perdido la esperanza. No puedo imaginarme cómo sería estar enfermo durante treinta y ocho años, esperando y orando por un milagro. El hombre no respondió la pregunta de Jesús. Una respuesta hubiera sido sí o no. En cambio, su respuesta fue: «No puedo, señor». Ni siquiera podía escuchar la pregunta porque su problema era muy grande. Él estaba en lo correcto. No podía llegar al agua a tiempo, pero Cristo, el Agua viva, había acudido a él. Cuando Jesús le dijo que se pusiera de pie, lo hizo. A menudo me he preguntado qué pensaban los demás enfermos cuando vieron eso. ¿No querían todos que Jesús también los sanara? Lo único que Juan escribe para nosotros es que los líderes religiosos reaccionaron con ira ante un hombre que cargaba su cama en sábado. No había alegría en su sanidad, solo enojo porque había violado las reglas. Para mí es una gran ironía que en un lugar donde tanta gente enferma espera un milagro, nadie reconozca al Cordero de Dios que cruzó la Puerta de las Ovejas.

La pregunta que Jesús le hizo al hombre es la misma que nos hace hoy. ¿Quieres estar bien? A veces nos identificamos tanto con lo que nos ocurre, con lo que hemos pasado, que es difícil renunciar. Preferimos quedarnos en nuestro dolor. Esa es una trampa del enemigo para hacernos creer que somos lo que somos, que lo que nos pasó se ha convertido en lo que somos. Pero es mentira. No eres lo que te pasó.

Para el hombre que estuvo junto a la piscina por treinta y ocho años, la vida era dura pero simple. Dependía de la amabilidad de los demás para alimentarse y saciar sus necesidades básicas. Ahora tendría que encontrar un trabajo, una nueva identidad. Podría haberse acostumbrado a ser compadecido por otros. Ahora tendría que encontrar una nueva forma de relacionarse con las personas.

Es posible que hayas pasado por algo impensable. Otros conocen tu historia. Estás acostumbrada a que te presenten de esa manera, y alejarte de eso parece ser una forma de olvidar que tu experiencia alguna vez sucedió. No creo que eso sea lo que Jesús nos pide. Más bien, nos está diciendo que somos mucho más de lo que pasó. Hay familiaridad en nuestras historias, pero Cristo aún no ha terminado de escribirlas. Hay más.

¿Qué significa estar bien?

Con los años, he luchado con lo que significa estar «bien». Tengo tantas amigas que no han sido sanadas, pero están bien. Pienso en mi querida amiga Joni Eareckson Tada. Me imagino que estás familiarizada con su historia. Cuando tenía solo diecisiete años, se zambulló en la bahía de Chesapeake y se fracturó el cuello. Desde entonces es cuadripléjica. En realidad, está paralizada desde los hombros hacia abajo. Hemos sido amigas por mucho, mucho tiempo. Tengo una carta de ella a mi lado, en mi escritorio, mientras escribo. Me dejó una nota solo para decirme que disfrutaba de mi último libro. Lo que me parece indescriptible sobre el dolor en la vida de Joni es que ahora está en su segunda batalla contra el cáncer. Una de las ironías más amargas es que, aunque está paralizada, todavía puede sentir dolor. Entonces, ¿cómo ora esta valiente guerrera por su dolor después de más de cincuenta años en una silla de ruedas? Ella me adjuntó este pasaje de las Escrituras. Sé que la hace feliz que lo comparta contigo.

> Yo me alegro cuando me dicen:
> «Vamos a la casa del SEÑOR».
> Pidamos por la paz de Jerusalén:
> «Que vivan en paz los que te aman.
> Que haya paz dentro de tus murallas,
> seguridad en tus fortalezas».
> Y ahora, por mis hermanos y amigos te digo:
> «¡Deseo que tengas paz!». (Salmos 122:1, 6-8 CST)

Joni no ha sido sanada, ¡pero está bien! Por el dolor y la fractura de su vida, millones han sido tocados. Millones han recibido ayuda cuando esta hermana nos mira a través de su dolor y dice: «Está bien. ¡Jesús está aquí!». Ella fue hospitalizada recientemente. Joni escribió: «Ha sido una gran jornada desde el 27 de marzo, cuando Ken me llevó a emergencia. Básicamente, por muchos años, mi condición de cuadriplejía crónica ha ejercido presión sobre mi corazón y mis pulmones. La buena noticia es que los médicos creen que con medicamentos y con una forma de respiración más eficiente, mi condición puede revertirse». Ella continuó: «Mi asignación en los últimos catorce días de hospitalización fue directamente Hechos 20:24 NTV: «...mi vida carece de valor para mí mismo, con tal de que termine mi carrera y lleve a cabo el servicio que me ha encomendado el Señor Jesús, que es el de dar testimonio del evangelio de la gracia de Dios»».[1]

Joni ora a través del dolor. Ella encuentra un propósito en el dolor. Lo usa para contarles a otros sobre la bondad y el amor de Dios.

Solo los soldados heridos pueden servir

Como una brillante joven de diecisiete años a punto de ir a la universidad, Joni nunca hubiera elegido sentarse en la silla en la que ha estado ya por más de cincuenta años, sin embargo, dice que no cambiaría nada debido a la profundidad de compañerismo y amor que conoce con Cristo. No puedo sentir, ni en lo más mínimo, el dolor que mi hermana ha conocido; pero debo decirte que aun cuando batallé contra la depresión con noches y días oscuros y tenebrosos en los que oraba para que pasara, tampoco los cambiaría ni un instante. Podemos leer un pasaje de las Escrituras que nos dice que el Señor está cerca de los quebrantados de corazón, pero hasta que nuestros corazones se hayan roto, no podemos entender cuán verdaderas son esas palabras. Cuando le ofrecemos nuestro dolor a Cristo, Él puede hacer algo hermoso en nuestras vidas y en la de los demás.

Hace poco me encontré con una breve obra de un acto de Thornton Wilder llamada *The Angel That Troubled the Waters*. Me conmovió profundamente. En esta obra, Wilder imagina a un médico, desesperadamente preocupado por episodios de depresión, que llega a la piscina, anhelando ser curado. Un día ve que el ángel trastorna el agua y, cuando está a punto de intervenir ante cualquiera de las personas con enfermedades más obvias, el ángel lo detiene y lo confronta con esta poderosa verdad: los únicos soldados que pueden servir en el ejército del amor son esos que han sido heridos. Son sus propias heridas las que lo han convertido en un médico tan compasivo.

Mi querida hermana, no conozco tus heridas, pero Jesús sí. Puedes desperdiciar esas heridas o puedes verlas como el lugar donde se encuentra tu autoridad en el nombre de Jesús. Cuando oras por tu dolor, te conviertes en una poderosa guerrera en el ejército del amor.

Las mujeres que oran ruegan en medio de su quebranto hasta que este se convierte en su autoridad.

RECORDATORIOS DE ORACIÓN

1. Ora en medio de tu dolor, consciente de que Dios está contigo.
2. Pídele al Espíritu Santo que revele las mentiras que has creído y que las cambie por la verdad de lo que Dios dice que eres.
3. Ora con el fin de que Cristo use tu dolor para hacer algo hermoso en la vida de los demás.

UNA ORACIÓN PARA CUANDO TENGAS DOLOR

Padre:

No he pedido por esta carga. A veces, parece demasiado difícil de soportar, pero has elegido dejar que esta sea mi historia. Elijo ahora hacerla tu historia. Te escucho decir: «Levántate y anda». En tu nombre y en tu fuerza, lo haré. Amén.

SEIS

Ora aunque Dios parezca silencioso

Las mujeres que oran confían en Dios en medio del silencio y lo desconocido.

Es suficiente para enloquecer a un hombre; destrozará su fe.
Es suficiente para preguntarse si alguna vez estuvo cuerdo.
Cuando gime por el consuelo de tu vara y tu cayado
Y la única respuesta del cielo es el silencio de Dios.

Andrew Peterson

Desde el mediodía y hasta la media tarde toda la tierra quedó en oscuridad. Como a las tres de la tarde, Jesús gritó con fuerza:

—*Elí, Elí, ¿lama sabactani?* (que significa: «Dios mío, Dios mío, ¿por qué me has desamparado?»).

Mateo 27:45-46

Fue una tragedia impensable. Antes de escucharlo en las noticias de la noche, mi amiga me envió un mensaje de texto y me pidió que orara. Su sobrina, sobrina nieta, tres tataranietos y una tataranieta habían estado involucrados en una colisión frontal con un ayudante del *sheriff* fuera de servicio. Conocí a la mamá y a la abuela. Mi amiga me las presentó en una conferencia. La noticia, en su texto, fue devastadora. Ambas mujeres fallecieron en el impacto. El ayudante del *sheriff* también murió en el lugar. Los cuatro niños estaban vivos, pero en mal estado. Eran muy jóvenes: dos, tres, cinco y siete años de edad. El niño de cinco años fue trasladado en un vuelo al hospital con una fractura en la espalda, los demás fueron llevados en ambulancia.

A menudo, cuando ocurre una tragedia, la familia anhela la privacidad, pero mi amiga siempre ha sido una guerrera de oración, y me rogó que compartiera su situación con cualquiera que creyera en el poder de la oración. Puse la solicitud en mi página de Facebook y caí de rodillas. ¿Cómo empiezas a orar en una situación como esa? Todo lo que sabía hacer era pedirle a Dios que estuviera con esos preciosos niños que aún no sabían que su mamá y su abuela habían muerto. Pedí piedad y sanación para los niños. Pedí bienestar y fuerza sobrenaturales para toda la familia. Pedí fe, porque seguramente esta iba a ser puesta a prueba en el núcleo familiar cuando algo tan insensato como eso sucede. Cuando tres de las criaturas fueron dadas de alta del hospital, agregué esta buena noticia a mi página y pedí oraciones continuas por la de cinco años. Mientras leía muchos de los hermosos comentarios de personas que se comprometían a orar, noté algunos que eran hostiles. Una persona escribió: «¿Por qué orarle a un Dios que podría haber detenido esto y no lo hizo?». Otro dijo: «Esto es típico de ustedes los cristianos. Cuando ocurre una tragedia, todo lo que tienen que ofrecer son sus pensamientos y sus oraciones».

Pensé en esos dos comentarios por un tiempo y oré por las personas que los habían hecho. En cierto modo, entendí lo que decían. Si estás mirando de lejos lo que Dios hace o no hace y no lo conoces personalmente, no entiendes su misericordia, su gracia ni a su Hijo, es fácil burlarse de aquellos que lo hacen de cara a la tragedia. Si todo lo que ves es religión y no relación, la oración no tiene sentido. Pero capté más que ira en sus palabras; percibí dolor. Hacer ese tipo de comentarios intensos a alguien que nunca has conocido casi siempre implica que hay una historia detrás. ¿Quién sabe qué oraciones quedaron aparentemente sin respuesta en su pasado? A menudo me pregunto cuántas personas se han alejado de la fe porque nunca se les ha dicho todo acerca del evangelio. Quizás se les hizo creer que, si le das tu vida a Jesús, todo será fácil desde ese día en adelante. A veces, somos buenos para obtener conversos, pero no necesariamente para discipularlos. Sin embargo, no solo los que dicen no tener fe en Dios luchan. Uno de los mayores desafíos para una vida de fe y oración es seguir orando cuando se siente como si Dios estuviera en silencio.

La fe de un montañés

Tengo un recuerdo profundo de mi adolescencia acerca de las oraciones fieles de un hombre. Este se negaba a dejar de orar aun cuando parecía que Dios no lo estaba escuchando. Todos los martes por la noche yo iba con mi madre a nuestra reunión de oración en la iglesia. La nuestra no era una iglesia muy grande, por lo que quizás nos reuníamos unos treinta de nosotros cada semana. Uno de mis miembros favoritos era un cordial hombre mayor del norte de las montañas. Lo llamaré Angus. Siempre llevaba una chaqueta de cuero con coderas. Su piel estaba rojiza por el frío viento norteño que había soportado cuando solía cultivar ahí. Cada martes pronunciaba la misma oración. Le pedía a Dios por la salvación de su esposa. Era una mujer encantadora que ocasionalmente acudía a nuestras mañanas de café, pero nunca a los servicios religiosos. Algunas noches oraba con su acento tierno y melodioso, y otras no podía terminar mientras las lágrimas caían por sus ásperas mejillas. Lloraba con él muchos martes por la noche.

Había sido piloto después de abandonar su granja y conservaba su licencia. Así que, un día de verano, nos llevó a mi hermano y a mí a la isla frente a la costa norte de Escocia, donde él había nacido. Pensó que disfrutaríamos el vuelo por la costa, y quería mostrarnos la pequeña iglesia, o kirk, como la llamaba, donde lo habían criado. Recuerdo que miraba por la ventana de la avioneta a medida que nos acercábamos más y más a los campos de ovejas y me preguntaba dónde estaba la pista de aterrizaje.

«¡No hay pista de aterrizaje!», grité por el ruido de las hélices.

«¡Solo mira, muchacha!», gritó él. «Tendremos que dejar que las ovejas sepan que aquí vamos».

En efecto, al volar bajo —sobre uno de los campos— las ovejas corrieron por sus vidas y aterrizamos a salvo. Después del té y los panecillos que disfrutamos en una tienda de té, caminamos por el callejón adoquinado hasta la iglesia. Las puertas estaban abiertas, así que entramos. Los pisos rechinaban con historias de hace mucho tiempo mientras caminábamos hacia el frente, donde el sol entraba a través de la vidriera solitaria. Contenía una imagen de Jesús como el Buen Pastor llevando a las ovejas perdidas a casa. Nos sentamos en la quietud por un rato.

—¿Te importa si te hago una pregunta, Angus? —dije.

—No, muchacha, adelante —respondió.

—Bueno, se trata de tu esposa. ¿Alguna vez te has preguntado por qué Dios aún no ha respondido tus oraciones?

Permaneció callado y pensativo por un momento, y luego dijo lo siguiente:

—Nunca me ha fallado, todavía, y no creo que empiece ahora.

Había mucho más que quería preguntarle, pero la expresión de amor y reverencia en su rostro mientras miraba la imagen en la ventana me silenció. Más tarde, esa noche, supe por mi madre que Angus había estado orando por su esposa por más de cuarenta años.

Años más tarde, estaba en casa en un periodo de descanso del seminario cuando Angus murió. La iglesia se llenó para su funeral. La vida de este cortés hombre había tocado a muchos. Nuestro pastor predicó un hermoso mensaje sobre la larga obediencia de Angus en la misma dirección y su total devoción a Cristo. Al final del servicio, cuando los que habían acudido a honrar su vida salieron a la calle, noté que su esposa todavía estaba sentada en la primera fila, con el pastor a su lado. Supuse que estaba tratando de consolarla, así que los dejé solos. Más tarde ese día, descubrí que él la había estado guiando a una relación con Jesús. Cuando vio la iglesia llena de personas que amaban a su esposo y escuchó el convincente mensaje sobre aquel que había guiado a Angus todos sus días, finalmente se inclinó y el Salvador de Angus se convirtió también ese día en su Salvador.

Toda una vida no es demasiado larga para orar.

Toda una vida no es demasiado larga para orar. Angus no sabría el impacto de sus oraciones hasta dos años después, cuando su esposa falleció y se unió a él en el cielo.

Quiénes somos en la espera

La Palabra de Dios está llena de historias de hombres y mujeres que esperaron por años para escuchar a Dios. Pienso en Abram y Sarai (que se convirtieron en Abraham y Sara). Si fuiste criado en la iglesia como yo, es fácil pensar que conoces esa historia, pero como la he estado estudiando nuevamente, he descubierto que es bastante impresionante. Cuando Dios se le presentó por primera vez a Abram, este tenía setenta y cinco años, y era pagano. Aproximadamente dos mil años antes del nacimiento de Cristo, esto es lo que Dios le dijo:

El Señor le dijo a Abram: «Deja tu tierra, tus parientes y la casa de tu padre, y vete a la tierra que te mostraré. Haré de ti una nación grande, y te bendeciré; haré famoso tu nombre, y serás una bendición. Bendeciré a los que te bendigan y maldeciré a los que te maldigan; ¡por medio de ti serán bendecidas todas las familias de la tierra!».

Abram partió, tal como el SEÑOR se lo había ordenado. (Génesis 12:1-4)

Tiene que haber más que eso en la historia, ¿no te parece? Quiero la versión más larga. ¿No te gustaría saber cómo le habló Dios? Abram tenía que tener algo para que su esposa y su sobrino empacaran todas sus posesiones y alejarse de su hogar en Ur (la moderna Iraq). Estaba dejando atrás su derecho de nacimiento, su herencia, para seguir a un Dios que acababa de conocer.

> *Tendemos a medir nuestra comprensión de los caminos y la voluntad de Dios por el resultado que vemos, pero Dios está mucho más interesado en lo que nos estamos convirtiendo en la espera.*

La tierra que Dios le prometía estaba a casi dos mil quinientos kilómetros de distancia, a través de Harán (la actual Siria) y al fin hasta Canaán (la moderna Israel), pero Abram no sabía cuán lejos tendría que viajar. Simplemente le creyó a Dios y se fue. A cientos de kilómetros de su casa, él y Sarai se encontraron en un país donde no podían hablar el idioma, eran viejos y no tenían hijos.

Déjame ponerle pausa a esta historia por un momento y hacerte una pregunta: ¿Alguna vez has salido con fe? Quizás los que te rodeaban decían que estabas loca, pero creías haber escuchado de Dios y así, con fe, seguiste adelante. Después de aceptar o renunciar a ese trabajo, de haberte mudado por todo el país, de haberte unido a esa iglesia, sea lo que sea, esperabas que, porque habías dado un paso adelante, Dios también lo haría. Pero las cosas no funcionaron de la manera en que pensabas y te preguntaste: *¿Me equivoqué? ¿Realmente escuché a Dios o mi familia tenía razón?* El tiempo de Dios rara vez está en nuestro mismo horario. Tendemos a medir nuestra comprensión de los caminos y la voluntad de Dios por el resultado que vemos, pero Dios está mucho más interesado en lo que nos estamos convirtiendo en la espera. A Abram le habían dicho que todas las naciones de la tierra serían bendecidas a través de él, pero pasaron diez años y no pasó nada. Ahora tiene ochenta y cinco años, y todavía no tiene hijos.

Diez años no es tanto tiempo si tienes veinte, pero Abram tenía setenta y cinco cuando Dios le habló por primera vez, así que diez años eran muchos. Entonces Dios le habló otra vez.

Después de esto, la palabra del Señor vino a Abram en una visión: «No temas, Abram. Yo soy tu escudo, y muy grande será tu recompensa». Pero Abram le respondió:

—Señor y Dios, ¿para qué vas a darme algo, si aún sigo sin tener hijos, y el heredero de mis bienes será Eliezer de Damasco? Como no me has dado ningún hijo, mi herencia la recibirá uno de mis criados.

—¡No! Ese hombre no ha de ser tu heredero —le contestó el Señor—. Tu heredero será tu propio hijo. Luego el Señor lo llevó afuera y le dijo:

—Mira hacia el cielo y cuenta las estrellas, a ver si puedes. ¡Así de numerosa será tu descendencia!

Abram creyó al Señor, y el Señor se lo reconoció como justicia.

(Génesis 15:1-6)

En aquellos días, si un hombre rico moría sin heredero, el criado principal de su casa, su mano derecha, heredaba todo. Pero Dios dijo: «No, tu heredero será tu propio hijo». Así que llevó a Abram afuera y le dijo que mirara las estrellas y las contara si podía. Nos cuesta imaginar cuán espectacular habría sido eso. Vivimos en el mundo occidental, en el que siempre hay un grado de luz desde algún lugar, pero en esos días, sin electricidad, sin luces de la calle ni de los automóviles, la vista hubiera sido espectacular.

Vislumbré lo que Abram podría haber visto en un viaje reciente a África, cuando estaba trabajando con nuestro equipo de Life Outreach International y el equipo de video de Jyra Films. Estábamos en Angola visitando proyectos de alimentación existentes y estableciendo otros nuevos en algunas de las aldeas más remotas. No hay hoteles a cientos de kilómetros de muchos de nuestros proyectos, por lo que cuando llegamos a una aldea, le pedimos permiso al jefe local para acampar allí esa noche. Una noche nos sentamos alrededor de una fogata durante horas hablando sobre lo que habíamos visto ese día y lo que esperábamos lograr el siguiente. Mientras el fuego se apagaba y solo quedaban las brasas humeantes, miré hacia el cielo. Nunca había visto algo así. Miles y miles de estrellas y planetas dieron un gran espectáculo esa noche. Me senté allí maravillada, consciente de que el Dios que sostenía todo eso en su lugar era mi Padre. Eso es lo que también vio Abram, y le creyó a Dios.

De forma que, Dios le habló a Abram revelándole sus planes para su vida, pero ¿qué pasaba con Sarai? ¿Dónde estaba ella en todo eso?

Su propio plan B en práctica

El mensaje de Dios a Abram fue bastante sencillo. Tendrás un hijo propio. Pero Dios no le habló a Sarai. No incluyó el nombre de ella en su promesa a Abram, y ahora ella tenía setenta y cinco; así que se le ocurrió su propio plan. Es la naturaleza humana. Cuando no podemos ver cómo podría Dios resolver las cosas, improvisamos. Lo siento por Sarai. Su plan B era que Abram durmiera con su criada, plan que —a fin de cuentas— la iba a lastimar, lastimaría a su criada, Agar, y daría a luz a dos naciones que todavía están en guerra, Palestina e Israel.

Me duele el corazón al saber que te has encontrado en un lugar donde estabas esperando y esperando, y no había respuesta de Dios, o al menos nada que pudieras ver. Querías casarte y creías que Dios te había prometido un esposo, pero el tiempo seguía avanzando y ese reloj infernal seguía corriendo, así que buscaste lo que hubiera por ahí. Ahora te preguntas si cometiste el mayor error de tu vida.

Sabías que Dios te había preparado para este nuevo puesto, pero tu jefe te ignoró nuevamente, así que dijiste que lo olvidara y te fuiste y ahora te sientes a la deriva, como si no pertenecieras a ningún lado.

Cuando llenamos el silencio de Dios con planes propios que no funcionan, es fácil sentir que lo hemos arruinado todo y que no hay vuelta atrás. ¡Eso no es verdad! Dios es redentor y aún no ha terminado. Quiero que escuches eso. ¡Tu vida, el plan de Dios para tu vida, aún no ha terminado!

Te llamo princesa

Han pasado trece años desde el nacimiento del hijo de Agar, Ismael. Es mucho tiempo para que Sarai escuche su risa, lo vea correr hacia los brazos de su madre, vea a su esposo abrazar a su hijo con orgullo. Trece años de arrepentimiento. Debe haber sentido como si eso fuera todo lo que la vida tenía para ella. «¿Por qué hice esto? ¿Por qué le sugerí a Abram que durmiera con mi doncella?», debe haberse preguntado una y mil veces. Pero el hecho era cierto y no había nada que ella pudiera hacer al respecto. Dios, sin embargo, sí podía hacer algo. Después de trece años de silencio, Dios le habló a Abram nuevamente. Ahora tenía noventa y nueve.

Cuando Abram tenía noventa y nueve años, el Señor se le apareció y le dijo:

—Yo soy el Dios Todopoderoso. Vive en mi presencia y sé intachable.

Este es el pacto que establezco contigo: Tú serás el padre de una multitud de naciones. Ya no te llamarás Abram, sino que de ahora en adelante tu nombre será Abraham, porque te he confirmado como padre de una multitud de naciones. (Génesis 17:1, 4-5 CST)

En su herencia caldea, su nombre —Abram— significaba «padre exaltado». Ahora se le dio un nuevo nombre, Abraham, un término hebreo que significa «padre de muchos».

¿Pero qué pasó con Sarai? ¿La vio Dios? ¿Estropeó todo porque había ideado su propio plan? No, ahora Dios habló de ella por su nombre y se lo cambió de una manera pequeña pero significativa.

También le dijo Dios a Abraham:

—A Saray, tu esposa, ya no la llamarás Saray, sino que su nombre será Sara. Yo la bendeciré, y por medio de ella te daré un hijo. Tanto la bendeciré, que será madre de naciones, y de ella surgirán reyes de pueblos. (Génesis 17:15-16 CST)

Sarai significaba «mi princesa» en la tierra de la que había venido, pero ahora Dios cambió su nombre a Sara, «princesa», un nombre hebreo en una tierra donde los reyes estarían entre sus descendientes. Ya no era simplemente la princesa de Abram; era una princesa por derecho propio bajo Dios. Esto fue algo muy inusual para Dios. Ese tipo de bendiciones divinas generacionales caían sobre el hombre de la casa, pero Dios le regaló a Sara el nombre de «madre de muchas naciones». No dejes que nadie te diga que la Palabra de Dios es misógina, que Dios no ama ni honra a las mujeres. Simplemente no es verdad. El primer ser humano que vio a Cristo resucitado fue María. Dios ama mucho a sus hijas.

Cuando Dios cambiaba un nombre, era algo significativo. Quizás recuerdes otros casos.

Jacob, que significa «atrapado por el talón» o «engañador», se convirtió en Israel, «uno que había prevalecido con Dios» o «un príncipe con Dios».

Cuando Betsabé dio a luz a un bebé después de su matrimonio con el rey David, llamaron a su hijo Salomón, ¡pero Dios le dio un nuevo nombre! En uno de los momentos más íntimos del Antiguo Testamento, leemos:

Luego David fue a consolar a su esposa y se unió a ella. Betsabé le dio un hijo, al que David llamó Salomón. El SEÑOR amó al niño y mandó a decir por medio del profeta Natán que le pusieran por nombre Jedidías, por disposición del SEÑOR. (2 SAMUEL 12:24-25)

¡Qué hermoso es eso! El Señor amaba al niño. En el Antiguo Testamento, vislumbramos el atrayente y tierno amor de Dios por nosotros, pero el pecado, la rebelión y la desobediencia aún se interponían entre Dios y nosotros. Cuando Cristo tomó todo eso sobre sí mismo en el Calvario, el pecado fue tratado de una vez por todas. Así que ahora puedes mirarte en el espejo los días en que no te sientes amada y hablar sobre tu alma: «El Señor ama a este niño». En caso de que pienses que estoy estirando la verdad o que eso fue solo para Jedidías, aquí están las palabras de Pablo a los creyentes en Tesalónica:

> Hermanos amados de Dios, sabemos que él los ha escogido.
> (1 Tesalonicenses 1:4)

¿Quién eres tú?

No recuerdo haber leído el texto sobre Dios cambiando el nombre de Salomón. Si me hubieras preguntado cómo se llamaba el primer hijo de David y Betsabé, habría dicho Salomón, no Jedidías (aunque tuvieron un hijo de su aventura adúltera, ese niño solo vivió siete días). Parece que Salomón no se aferró a lo que Dios dijo que era. La única vez que se llama Jedidías es cuando Natán trae su mensaje de Dios. Salomón no usó el nombre que Dios le dio ni vivió bajo la fuerza de esa identidad. Leemos en 1 Reyes 11:1-4 CST:

> Ahora bien, además de casarse con la hija del faraón, el rey Salomón tuvo amoríos con muchas mujeres moabitas, amonitas, edomitas, sidonias e hititas, todas ellas mujeres extranjeras que procedían de naciones de las cuales el SEÑOR había dicho a los israelitas: «No se unan a ellas, ni ellas a ustedes, porque de seguro les desviarán el corazón para que sigan a otros dioses». Con tales mujeres se unió Salomón y tuvo amoríos. Tuvo setecientas esposas que eran princesas, y trescientas concubinas; todas estas mujeres hicieron que se pervirtiera su corazón. En efecto, cuando Salomón llegó a viejo, sus mujeres le pervirtieron el corazón de modo que él siguió a otros dioses, y no siempre fue fiel al SEÑOR su Dios como lo había sido su padre David.

Aquí hay una advertencia para nosotros. Dios le dio a Salomón un nuevo nombre, un nombre que decía: tú eres mío, pero él no vivió bajo esa identidad. Dios nos ha dado un nuevo nombre, hija del Rey de reyes, amada por Dios. ¿Viviremos con ese nombre o asumiremos otra etiqueta?

Madre soltera

Divorciada

Obesa

Solterona

Físicamente desafiada

Estúpida

Deprimida

Sin hijos

Enojada

Amargada

Olvidada

No amada

Cuando te identificas con una etiqueta en particular, tiendes a actuar dentro de los límites de esa etiqueta, pero eso no es lo que eres. No eres ninguna de esas cosas. Si has depositado tu confianza en Cristo, eres una hija de Dios.

> Por lo tanto, si alguno está en Cristo, es una nueva creación. ¡Lo viejo ha pasado, ha llegado ya lo nuevo! (2 Corintios 5:17)

Si te ves a ti misma como no amada u obesa o cualquiera de estas etiquetas temporales, puedes actuar de acuerdo a ellas, con lo que habrá poco que te haga levantar la cabeza y mirar las estrellas. Pero si vives bajo la bandera «Soy amada por Dios», entonces recuerdas quién eres realmente, todo el tiempo, en los días buenos y en los malos. Si alguna vez me topara contigo, podría presentarme como «Sheila, pero puedes llamarme Jedidías».

Los apóstoles le dieron un nuevo nombre a José. Lo llamaron Bernabé, «hijo de aliento». Ser reconocido por tu don es algo encantador. A medida que envejezco, eso es lo que quiero. No quiero que me identifiquen como escritora, oradora o presentadora de televisión. Quiero ser conocida como una amante de Cristo y de su pueblo.

Quizás te estés preguntando por qué no he mencionado a Saulo, a quien se le cambió el nombre por Pablo. Existe un concepto erróneo popular de que pasó de ser Saulo el perseguidor a Pablo el apóstol después de su conversión. Eso no es exacto. Ananías se refiere a él como Saulo después de su conversión (Hechos 9:17), y el Espíritu Santo se dirige a él como Saulo antes de embarcarse en su primer viaje misionero (Hechos 13:2). La simple verdad es que Saulo era su nombre hebreo y Pablo era su nombre griego.

Dios está trabajando en el silencio

Abram y Sarai esperaron mucho, mucho tiempo para que Dios les diera nuevos nombres. El silencio no tenía sentido para ellos, pero Dios estaba trabajando todo el tiempo. Abraham se convirtió en el padre de muchas naciones. Como un hombre sin hijos de setenta y cinco años que vivía en Ur, Abram no pudo haber comenzado a pensar en lo que Dios iba a hacer en su vida. Incluso mientras estaba con Dios mirando los millones de estrellas, nunca en sus sueños más excéntricos podría haber imaginado esto:

Tabla genealógica de Jesucristo, hijo de David, hijo de Abraham.

(Mateo 1:1 CST)

O esto:

Pero, en cuanto a la resurrección de los muertos, ¿no han leído lo que Dios les dijo a ustedes: «Yo soy el Dios de Abraham, de Isaac y de Jacob»? Él no es Dios de muertos, sino de vivos. (Mateo 22:31-32)

La espera en el silencio de Dios

Si has estado esperando por mucho tiempo y Dios ha estado en silencio, permíteme que te pregunte esto: ¿Todavía crees que Él te ama? Cuando las respuestas no llegan, ¿todavía crees que Él es por ti? Jesús preguntó si encontraría fe entre nosotros cuando regrese. ¿La encontrará? ¿Crees que Dios tiene el control? ¿Crees que Él tiene un plan perfecto para tu vida? ¿Crees que su tiempo es perfecto? Hasta que resolvamos cómo esperar en el silencio, nuestras vidas estarán inquietas. Cuando determinamos confiar en Dios en el silencio, nuestra fe en lo que es Él se fortalece. Nuestro testimonio se vuelve más poderoso. Al igual que Angus, podemos decirles a los que se preguntan por qué seguimos aguantando: «¡Nunca me ha fallado!». Cuando elegimos poner nuestra esperanza en Dios, se nos ha prometido que esta esperanza no nos decepcionará (Romanos 5:3-5).

No digo estas cosas desapasionadamente, tratando de hacer que creas. Yo misma he tenido que enfrentar estas preguntas. Tuve que lidiar con este problema por mucho tiempo hace muchos años. Hubo alguien que formó parte de mi carrera en los primeros tiempos que, cuando nuestros caminos se separaron, amenazó con destruirme. Todas mis viejas inseguridades infantiles salieron a la superficie, por lo que estaba devastada y asustada. Él tenía influencia y sabía que usaría cada parte de ella para cercarme, lo cual hizo. Me enfrenté a dos opciones. Podía estar enojada y amargada, hablar mal de él, tratar de apagar todos los pequeños fuegos que había iniciado e intentar que las personas se pasaran a mi lado, o podía dejarlo todo, callarme y confiar en Dios. Eso luce muy blanco y negro en apariencia, pero si alguna vez has estado en ese tipo de circunstancia, sabes que no lo es. Hay una multitud de sombras en el medio. En ese lugar agonizante que parecía la muerte, tuve que decidir:

¿Creo en la Palabra de Dios o no?
¿Creo que Dios tiene el control?
¿Confío en Dios?

Podría agregar cien preguntas más, pero esta fue la conclusión: ¿Realmente creo lo que he dicho por años o creo solo cuando la vida tiene sentido? Día tras día, volvía a este texto:

Les aseguro que, si la semilla de trigo no cae en tierra y muere, se queda solo. Pero si muere, produce mucho fruto. (Juan 12:24)

Luché por identificarme con este versículo. Este era Cristo hablando sobre su propia vida y el sacrificio que estaba a punto de hacer por todos nosotros. A menos que Él, como simiente, muriera, no habría fruto, ni redención, ni creyentes. ¿Cómo podría incluso comenzar a comparar lo que estaba ocurriendo con lo que pasó? Luego leí lo que sigue, por el reverendo T. G. Ragland, un misionero en el sur de India:

Si nos negamos a ser granos de trigo, caer al suelo y morir; si no sacrificamos las perspectivas, ni arriesgamos el carácter, la propiedad y la salud; ni, cuando somos llamados, renunciar a casa y romper los lazos familiares; por el amor de Dios, entonces nos quedaremos solos. Pero si deseamos ser fructíferos, debemos seguir a nuestro bendito Señor, convirtiéndonos en un grano de trigo y muriendo, entonces produciremos mucho fruto.[1]

¡Entonces dije sí! A veces la oración más poderosa puede ser solo una palabra: Sí. Le dije sí a Dios, sí a lo que Él quería de mi vida, sí a dejar que todo muriera y así fue. En vez de tratar de salvar mi carrera, dejé aquello. Regresé al seminario y enterré mi corazón en la Palabra de Dios. Hacerlo me salvó la vida.

En la espera

No sé querida hermana en dónde estés esperando. En este momento, hago una pausa para orar por ti. No sé quién eres, pero nuestro Padre sí. Una de las cosas más curativas que hago en tiempos de silencio con Dios es meditar en su palabra. Estos son algunos versículos que me siguen ayudando. Oro para que también te ayuden.

> Yo, SEÑOR, espero en ti;
>> tú, SEÑOR y Dios mío, serás quien responda. (Salmos 38:15)

> Por la mañana, SEÑOR, escuchas mi clamor;
>> por la mañana te presento mis ruegos,
>> y quedo a la espera de tu respuesta. (Salmos 5:3)

> Esperamos confiados en el SEÑOR;
>> él es nuestro socorro y nuestro escudo. (Salmos 33:20)

Le pido a Dios que te dé el regalo de la fe cuando la visión falle.

Le pido que te dé esperanza cuando te sientas como si todo ha terminado.

Le pido que te dé fuerzas y un cielo despejado esta noche para que veas las estrellas.

Las mujeres que oran confían en Dios en medio del silencio y lo desconocido.

RECORDATORIOS DE ORACIÓN

1. Ora a través del silencio, consciente de que Dios está contigo.
2. Dale la bienvenida a lo que Dios está haciendo en ti durante la espera.
3. Ora consciente de que Dios trabaja aunque no puedas ver su plan.

UNA ORACIÓN CUANDO DIOS PARECE GUARDAR SILENCIO

Padre:

Ahora me arrodillo creyendo y te pido que ayudes a vencer mi incredulidad. A veces tu silencio es más de lo que puedo soportar. A veces tu silencio me hace sentir que no me amas, no me ves, no me importas. Pero ahora, por fe, elijo confiar en que tú estás conmigo. Eres mi ayuda. Eres mi esperanza.

Nos vemos aquí en el silencio. Deja que mi vida refleje tu fidelidad.

Anhelo sentir tu presencia, pero confío en que estás conmigo. Dejo ir mi plan B y te espero aquí. Yo te espero. Yo espero. Amén.

SIETE

Ora con el poder de la Palabra de Dios

Las mujeres que oran no dependen de su propia fuerza, sino del poder de la Palabra de Dios.

Los salmos se nos dieron para este fin: que podamos aprender a orarlos en el nombre de Jesucristo.

Dietrich Bonhoeffer

Ciertamente, la palabra de Dios es viva y poderosa, y más cortante que cualquier espada de dos filos. Penetra hasta lo más profundo del alma y del espíritu, hasta la médula de los huesos y juzga los pensamientos y las intenciones del corazón.

Hebreos 4:12 CST

Cuando estaba entre los trece y los dieciocho años de edad, mi profesora de música me inscribía cada año en el Ayrshire Music Festival.

Estaba abierto a todos los estudiantes de la escuela dentro de un radio de cuarenta y ocho kilómetros de nuestra ciudad. Me inscribí en cuatro categorías: solista clásico, dúo, ópera ligera y la competencia Burns (basada en los escritos con música del poeta escocés Robert Burns). En los primeros años, me resultó estresante pararme frente a otros cuarenta estudiantes, sus padres y un juez con sus gruesas gafas de carey y su cuaderno. Literalmente temblaba durante la espera de mi turno para presentar mi número. El primer año, el juez escribió al final de mi evaluación: «Intenta calmar tus nervios antes de cantar. En este momento suenas como un cruce entre una oveja y una ametralladora». Duro pero cierto. Al fin, lo entendí y comencé a disfrutar el festival.

Durante mi último año de secundaria, agregaron una categoría. No tenía nada que ver con la música, así que no pensé en competir en ella hasta que mi profesora de inglés me sugirió que participara. Se llamaba soliloquio shakesperiano. Apenas podía pronunciar el título y mucho menos contemplar lo que implicaba, pero ella fue persistente. «Todo lo que tienes que hacer», dijo, «es aprender un discurso de cualquiera de las obras de Shakespeare y pronunciarlo. Tienes talento para el drama». No estaba muy segura de qué quería decir con eso, pero decidí que sería divertido intentarlo. Quería encontrar un personaje femenino que fuera interesante de interpretar. Pensé en Julieta, de *Romeo y Julieta*, pero ella estaba fuera de sí por amor o agonizando, así que la descarté. Finalmente, me decidí por Katherine, de *La fierecilla domada*. Era luchadora y franca, y como bautista de buen comportamiento, pensé que era hora de extender mis alas emocionales.

El día de la competencia, me di cuenta de que probablemente había intentado abarcar más de lo que podía. Algunos de los concursantes estuvieron fabulosos. Lloré cuando Julieta, tras cuatro veces, respiró su último aliento. Finalmente, fue mi turno. El discurso que elegí fue del acto 5, escena 2. Técnicamente, Katherine había sido entrenada en este punto y ahora era dulce y complaciente, pero pensé que animaría un poco la escena.

¡Fie, fie! destejer esa ceja intimidante y nada amistosa,
Y no lanza miradas despectivas de esos ojos
Para herir a tu señor, tu rey, tu gobernador.
Se borra tu belleza como las heladas muerden los aguamieles.[1]

El pasaje es mucho más largo que eso, pero te ahorraré todo el parlamento. Comencé enojada y desafiante, luego cambié a una actitud llena de angustia y, al final, improvisé un poco, agregando un par de las mejores líneas de Julieta, antes de hacer una genuflexión y salir del escenario. Vergüenza, vergüenza sobre tu cabeza. Cuando el juez subió al escenario, dijo: «Antes de anunciar a los ganadores, me gustaría invitar a una joven a volver a la plataforma». Sí, era yo.

—¿Qué estabas pensando? —preguntó—. ¿No te diste cuenta de que Katherine había sido entrenada para entonces?

—Sí, señor, lo sé —le dije.

—Entonces, ¿por qué la interpretaste de esa manera? Y explica por qué insertaste líneas de otros dramas.

—Porque me gustaron esas líneas —dije, comenzando a sonar como una oveja de nuevo.

Entonces dijo:

—La autoridad está en el texto. Cuando decides crear tu propia versión, aunque sea entretenida, pierdes autoridad.

Cuando salí del escenario con la cola entre mis piernas, me gritó:

—Puede haber estado mal, pero ¡fue muy divertido!

Solo una línea me quedó grabada. La escribí: la autoridad está en el texto.

La autoridad está en el texto

Por años, luché con la oración por las mismas razones que tú puedes tener. Analizamos algunas de esas razones en la introducción. La oración se sentía repetitiva, me distraía fácilmente y, a veces —con franqueza— me aburría. Luego, hace unos años, agarré un libro de Donald Whitney titulado *Orando la Biblia*. Aunque he estado en la iglesia toda mi vida y en el seminario dos veces, nunca había oído hablar de este concepto. Comprendí la autoridad de estar de acuerdo con las promesas de Dios y me gustaba recordar las Escrituras, pero la idea de la Palabra de Dios, particularmente los Salmos, como un libro diario de oración era nueva para mí. Me sentí como si hubiera descubierto el mapa de un tesoro perdido. Quiero que sepas que este descubrimiento ha transformado mi vida y, si el concepto es nuevo para ti, oro para que también transforme la tuya. Estamos invitadas a orar la Palabra de Dios a Dios. Comencé a investigar lo que otros han escrito sobre este tema y encontré mucho. No sé cómo me lo perdí durante tanto tiempo.

Ya en el segundo siglo, Agustín llamó al libro de Salmos una escuela para que las personas aprendieran a orar. «Si el salmo ora, tú oras; si gime, tú gimes; si se regocija, te regocijas; si espera, tú esperas; si teme, temes. Todo lo escrito aquí es un espejo para nosotros».[2]

> *Estamos invitadas a orar la Palabra de Dios a Dios.*

Ambrosio, obispo de Milán en el siglo cuarto, se refirió a Salmos como un gimnasio espiritual. «Quien lo estudie profundamente lo encontrará como una especie de gimnasio abierto para que lo utilicen todas las almas, donde los diversos salmos son como ejercicios diferentes establecidos ante él. En ese gimnasio, en ese estadio de virtud, puede elegir los ejercicios que lo entrenarán mejor para ganar la corona del vencedor».[3]

Una de mis lecturas favoritas fue de Atanasio, uno de los padres más influyentes de la iglesia primitiva. Él dijo que aun cuando la mayoría de las Escrituras nos hablan *a* nosotros, Salmos habla *por* nosotros, nos da un lenguaje.

En el Salterio aprendes sobre ti mismo. Encuentras en él representados todos los movimientos de tu alma, todos sus cambios, sus altibajos, sus fracasos y sus recuperaciones. Además, sea cual sea tu necesidad o problema particular, en este mismo libro puedes seleccionar una forma de palabras que se ajuste a ella, de modo que no solo escuche y luego transmita, sino que aprenda la forma de remediar su enfermedad. Las prohibiciones de la maldad son abundantes en las Escrituras, pero solo el Salterio te dice cómo obedecer esas órdenes y abstenerte de pecar.[4]

Qué declaración tan poderosa. Los salmos hablan por nosotros. Si luchamos por orar, hemos encontrado el libro de oraciones de Dios. No importa lo que estés enfrentando en este momento, cuando oras los Salmos, estás orando con la autoridad de la Palabra viva de Dios. Como escribió mi querida amiga Joni Eareckson Tada:

> No se trata simplemente de vocabulario divino. Es una cuestión de poder. Cuando traemos la palabra de Dios directo a nuestra oración, estamos trayendo el poder de Dios a nuestra oración. Hebreos 4:12 declara: «Ciertamente, la palabra de Dios es viva y poderosa, y más cortante que cualquier espada de dos filos». La palabra de Dios está viva, por lo que inyecta nuestras oraciones con vida y vitalidad. La Palabra de Dios también está activa, inyectando energía y poder en nuestra oración. Escucha cómo describió Dios sus palabras a Jeremías: «¿No es acaso mi palabra como fuego, y como martillo que pulveriza la roca?» (Jeremías 23:29). La Escritura da músculo y poder a nuestras oraciones.[5]

¡Músculo y poder a nuestras oraciones! No importa si tenemos nueve o noventa años, si caminamos con Jesús durante cincuenta años o lo conocimos anoche, cuando oramos la Palabra de Dios, oramos con poder.

Trae todas tus emociones a Dios

Uno de los dones más poderosos del libro de Salmos es que nos ayuda a llevar todas nuestras emociones a Dios. Pase lo que pase ahora, encontrarás un lenguaje para tu alma en los Salmos. Walter Brueggemann escribe: «El Salterio sabe que la vida está desquiciada. No es necesario encubrirlo. El Salterio es una colección en un largo período de canciones y oraciones apasionadas y elocuentes de personas que están al borde de la desesperación».[6]

¿Alguna vez has luchado por encontrar palabras para lo que sientes cuando te encuentras en un punto desesperado? Ora los salmos. Los salmos son bárbaramente francos. No disimulan nuestro dolor ni ocultan nuestra única esperanza. Si viviéramos y oráramos como el salmista, quizás más personas se sentirían atraídas por Jesús. Perdemos mucho tiempo en nuestra cultura tratando de «encontrarnos a nosotros mismos», buscando nuestro gran propósito, pero como escribió Eugene Peterson: «Los salmos no fueron orados por personas que intentaban comprenderse a sí mismas. No son el registro de personas que le buscan sentido a la vida. Fueron orados por personas que entendieron que Dios tenía todo que ver con ellos. Dios, no sus sentimientos, era el centro. Dios, no sus almas, era el problema».[7]

No todas las mañanas me levanto con deseos de orar. Algunas, me siento cansada y prefiero prepararme una taza de café y ver el programa *The Price Is Right*. Algunos días me despierto con una oscura nube de depresión que se cierne sobre mí, pero mi nuevo compromiso de orar los Salmos me ha dado el arma que necesito para mis mejores y mis peores días. Debido a que la Palabra de Dios está viva, no son solo palabras en papel; cuando comenzamos a orar la Palabra de Dios, el Espíritu se une a nosotros y nuestros espíritus se encienden.

En un día difícil, me encanta orar el Salmo 34. David está en un lugar realmente malo. Está huyendo del rey Saúl, que quiere matarlo. Le mintió a un sacerdote, y esa mentira va a costar muchas vidas. Corrió a otra ciudad, con la esperanza de que el rey le proporcionara refugio, pero cuando queda claro que tampoco está a salvo allí, finge haberse vuelto loco. Este rey ungido de Israel comienza a escribir en las paredes y a babearse sobre sí mismo para que el rey lo eche y no lo mate. Sigue corriendo y finalmente encuentra un lugar para esconderse en una cueva. A veces olvidamos que este gran rey que nos dio tantos salmos escribió algunos de ellos desde lugares realmente difíciles. Él se encuentra solo. Al final, una banda de marginados se le unirá, pero por el momento, está completamente solo. Entonces, ¿cómo se anima y no cede ante la desesperación? Él decide alabar a Dios pase lo que pase. «Alabaré al Señor en todo momento». No dice que quiera, solo que lo hará.

> Bendeciré al Señor en todo tiempo;
> mis labios siempre lo alabarán.
> Mi alma se gloría en el Señor;
> lo oirán los humildes y se alegrarán.
> Engrandezcan al Señor conmigo;
> exaltemos a una su nombre.
> Busqué al Señor, y él me respondió;
> me libró de todos mis temores.
> Radiantes están los que a él acuden;
> jamás su rostro se cubre de vergüenza. (Salmos 34:1-5 cst)

Me encanta la sinceridad de David aquí. Él confiesa su miedo y la vergüenza que tan fácilmente pueden hacernos querer ocultar nuestros rostros delante de Dios. En vez de eso, David levanta la cabeza y mira a Dios, aquel que siempre ha sido su ayudador. Si alguna vez te has sentido avergonzada o si vives con la esencia de la vergüenza, sabes cómo puede aplastar tu espíritu y eliminar la alegría y la esperanza. Mientras leía este salmo una y otra vez, pensaba en una amiga mía que está luchando para mantener la cabeza en alto. Le envié este salmo con una nota diciéndole que estaba orando por ella.

En este momento, ella está en una situación de impotencia. Está sola y tiene miedo. Luchar con una discapacidad y una familia que no comprende su fe en Dios es difícil. Como intentan avergonzarla, quiero que recuerde que aquellos que buscan la ayuda de Jesús estarán radiantes de alegría. Podemos compartir palabras de aliento unas con otras, como deberíamos, pero no hay nada más poderoso que compartir la Palabra de Dios. De modo que mi amiga y yo fijamos un tiempo para orar juntas en voz alta. Ella está en un apartamento a varios estados de distancia y yo estoy encerrada en un motel escribiendo, pero juntas en el momento elegido, declaramos la verdad de estas palabras sobre su vida. Si esta es tu historia también, ora este salmo en voz alta sobre ti misma. No dejes que la vergüenza te haga bajar la cabeza. Levanta la cabeza hacia aquel que te ama y tomó tu vergüenza sobre sí mismo en la cruz.

Cómo orar los salmos

Cada día, antes de hacer cualquier otra cosa, oro uno de los salmos. Como escribe Donald Whitney: «Dios nos dio los salmos para que se los devolviéramos».[8]

Permíteme que te muestre cómo es esto para mí. Tu oración obviamente será diferente a la mía, pero espero que este ejemplo te dé una idea y un marco de referencia. Esta no es la única manera correcta de orar los salmos; es solo una forma. Usemos uno de los salmos más conocidos, el Salmo 23:

El Señor es mi pastor; tengo todo lo que necesito.

Señor:
Gracias por ser mi pastor. Gracias porque me estás cuidando hoy y, si me pierdo, vendrás a buscarme. Gracias porque en ti tengo todo lo que necesito. Te pido que pastorees a mi esposo y a mi hijo durante este día; acércate a ellos, Señor, y guíalos.

En verdes prados me deja descansar; me conduce junto a arroyos tranquilos. Él renueva mis fuerzas.

Señor:
Gracias porque prometes descanso. Ayúdame hoy a ver esos lugares en los que me invitas a sentarme a tu lado en tranquilidad y dejar que el mundo siga corriendo. Gracias porque cuando te espero, renuevas mis fuerzas. Estoy cansada, Señor. Enséñame a esperarte en medio del ajetreo de la vida. También te lo pido por Barry y por Christian. Christian tiene exámenes finales por venir; ayúdale a encontrar tu paz hoy.

Me guía por sendas correctas, y así da honra a su nombre.

Esa es mi oración, Señor. Quiero seguirte. Quiero caminar por los caminos correctos. Quiero que mi vida honre tu nombre. Gracias porque tú eres quien me guía; no tengo que resolver todo por mi misma. Oro para que guíes a Barry y a Christian hoy. Mantén sus pies en el camino correcto. Permite que nuestras vidas te honren.

Aun cuando yo pase por el valle más oscuro, no temeré, porque tú estás a mi lado. Tu vara y tu cayado me protegen y me confortan.

Señor:
Levanto delante de ti a mis queridas amigas. Han estado en este valle oscuro por tanto tiempo. Dales tu paz hoy; ayúdalas a no tener miedo. Protégelas de los pensamientos que las atormenten. Señor, tú creaste su cerebro. Puedes hacerlo nuevamente. Por favor, tócalas y sánalas. Oro por sus hijos. Esto es muy difícil para ellas, Padre. Protege sus mentes y consuela sus corazones.

Me preparas un banquete en presencia de mis enemigos.

El mundo se está volviendo cada vez más hostil, Señor, pero tú eres bueno. Eras el mismo ayer, eres el mismo hoy y serás el mismo cuando llegue el mañana. Gracias por todas tus bendiciones y tus dones. Gracias porque tu sacrificio en la cruz me garantiza perdón, paz y alegría en ti.

Me honras ungiendo mi cabeza con aceite. Mi copa se desborda de bendiciones.

Señor:
Te agradezco que así como el pastor vierte aceite sobre las cabezas de sus ovejas para curar sus heridas —para mantener alejados a los insectos y las moscas que las atormentan— unjas mi cabeza con el aceite de tu

Palabra para alejar las molestas mentiras de los enemigos que zumban tratando de distraerme. Gracias por el aceite sanador de tu presencia.

Ciertamente tu bondad y tu amor inagotable me seguirán todos los días de mi vida, y en la casa del Señor viviré por siempre.

Padre:

No te encontré; tú me encontraste. Gracias. Gracias porque has prometido terminar el trabajo que comenzaste en mí hasta ese día cuando al fin te vea cara a cara. Tu amor es inagotable. Gracias, Señor. Mi amor fallará, pero el tuyo nunca lo hará. Gracias, Padre. Amén.

¿Ves cómo, en muchas maneras, estoy orando como lo haría normalmente? Oro por mi esposo y por mi hijo, oro por mi amiga que tiene un tumor cerebral, pero permito que la Palabra de Dios dirija mis oraciones. A medida que conozcas mejor los salmos, sabrás a dónde acudir para oraciones específicas, pero no temas hojearlos hasta llegar a uno que te hable en ese momento. En *Orando la Biblia*, Donald Whitney sugiere el siguiente método. Comienza con el día del mes, por ejemplo el vigésimo primero, luego mira el Salmo 21. Si te habla, quédate ahí. Si no, cuenta treinta salmos hasta el Salmo 51, el Salmo 81 o el Salmo 111. No hay una sola manera de hacer esto, pero te aseguro que hay poder en la oración de la Palabra de Dios, aun cuando hayas llegado al final de ti mismo.

Nada de nuestro dolor se desperdicia

La iglesia estaba casi vacía y Barry estaba empacando algunas cosas antes de que regresáramos a nuestro hotel por la noche, ya que se estaba haciendo tarde. Después de cada evento de exposición o enseñanza, trato de quedarme el mayor tiempo posible para escuchar y hablar con las mujeres que asistieron. A veces, mi transparencia sobre las diversas luchas en mi propia vida les abre una puerta para compartir, tal vez por primera vez, por lo que han pasado. No tomo esta parte de mi vida a la ligera. Es un tiempo sagrado. Mientras escucho, veo una vez más que Cristo es un Redentor maravilloso y ninguno de nuestros dolores ha sido desperdiciado.

Una mujer sola estaba sentada en el banco de atrás. No quería suponer que estaba esperando hablar conmigo, pero tampoco quería irme sin preguntarle. Me acerqué al banco y le pregunté si deseaba estar sola. Ella dijo: «Lo estoy». Le pregunté si podía sentarme con ella por unos momentos y me dijo que sí. No contaré su historia, pero algo de lo que ella sentía también puede suceder contigo. Ella había estado pasando por una situación dolorosa durante mucho tiempo, por lo que se sentía agotada. Una cosa que dijo atravesó mi corazón. La he escuchado muchas veces. Me dijo: «Nadie sabe las lágrimas que he derramado». Ella dijo que tiene amigos que fueron muy solidarios al principio, pero la vida continúa. «No puedo esperar que siempre estén conmigo», dijo. Era la idea de que nadie sabía la profundidad de su dolor o las lágrimas que fluían semana tras semana y mes tras mes lo que la hacía sentir tan sola.

Hay momentos en que no tengo palabras. Algunas heridas son demasiado profundas para tratar de expresarlas y, la realidad es que, aunque la familia y los amigos puedan compartir las cargas que llevamos, hay momentos en que nos encontramos solas. Metí la mano en mi maletín y encontré lo que estaba buscando. Era un regalo de un amigo de hace unos años. En ese momento, no estaba muy segura de qué era cuando lo abrí. El pequeño frasco de cristal era de un hermoso azul cobalto, de unos dos centímetros de alto, cubierto de filigrana plateada. Pensé que podría ser una botella de perfume, aunque muy pequeña, pero su nota explicaba que en realidad era un frasco de lágrimas que había encontrado en una tienda en Israel. Investigué un poco y descubrí que las botellas de lágrimas eran comunes en Roma y Egipto en la época de Cristo. Los dolientes recogían sus lágrimas mientras caminaban hacia el cementerio para enterrar a su ser querido, una indicación tangible de cuánto amaban a esa persona. Cuando llegaban al lugar del entierro, colocaban la botella dentro como testimonio de su amor. A veces, incluso, se les pagaba a unas endechadoras para que siguieran a los dolientes y lloraran derramando sus lágrimas dentro de ese recipiente. Aparentemente, cuanto más angustia y lágrimas producían, más importante y valorada se percibía que era la persona fallecida. Puse la botella en su mano y le dije cuánto la apreciaba y que siempre la llevaba conmigo. Eso me recuerda una profunda verdad espiritual acerca de la que David escribió en el Salmo 56:8:

> Toma en cuenta mis lamentos;
> registra mi llanto en tu libro.
> ¿Acaso no lo tienes anotado?

Aunque David estaba en un lugar desesperado, encontró consuelo en el hecho de que Dios vio todo lo que estaba pasando y atrapó cada lágrima que derramó. Me gusta la confianza que David tenía en la misericordia y la fidelidad de Dios. David sabía, sin lugar a dudas, que Dios todopoderoso no pierde un momento nunca, una lágrima ni un suspiro de ninguno de sus hijos. Así que alenté a mi amiga quebrantada a orar a través de este salmo todos los días, hasta que comenzara a filtrarse en la médula de sus huesos.

No estás sola.

Dios ve tus lágrimas.

Dios captura cada una de ellas en su botella.

Él solo sabe el peso de lo que llevas.

Él nunca te dejará.

Una de las cosas más poderosas y hermosas de orar los salmos es que unimos nuestras voces a las de los millones que nos han precedido y que han orado a través de estos mismos salmos. En el libro de Salmos puedes encontrar palabras para expresar cada emoción, aun cuando te sientas lejos de Dios.

Cuando estás espiritualmente seca

Amo a nuestro personal de Life Outreach International. Algunos de nosotros estamos frente a la cámara, pero hay muchos más detrás de escena que han estado sirviendo fielmente a Dios durante años. Los lunes por la mañana son para reuniones de preproducción, en las que evaluamos a los próximos invitados y hablamos sobre nuestro próximo énfasis en la misión. El martes por la noche nos reunimos para cenar y luego nos dirigimos al estudio para grabar tres programas. Una noche pregunté a algunos miembros del personal cuál era su mayor desafío espiritual en ese momento. Un par de ellos dijo básicamente lo mismo: «Me siento seco; nada es tan fresco como lo fue antes. Siento que solo estoy moviéndome. Le he pedido a Dios que me ayude, pero no siento nada». Lo primero que les dije a mis amigos es que eso es normal. Todos pasamos por tiempos de sequedad espiritual. El mayor regalo que podemos darnos a nosotras mismas y al Señor es nuestra honestidad. Cuando estoy agotada y no puedo encontrar las palabras para orar, a menudo recurro a este salmo:

Una de las cosas más poderosas y hermosas de orar los salmos es que unimos nuestras voces a las de los millones que nos han precedido y que han orado a través de estos mismos salmos.

Cual ciervo jadeante en busca del agua,
 así te busca, oh Dios, todo mi ser.
Tengo sed de Dios, del Dios de la vida.
 ¿Cuándo podré presentarme ante Dios?
Mis lágrimas son mi pan de día y de noche,
 mientras me echan en cara a todas horas:
 «¿Dónde está tu Dios?»
Recuerdo esto y me deshago en llanto:
 yo solía ir con la multitud,
 y la conducía a la casa de Dios.

Entre voces de alegría y acciones de gracias
     hacíamos gran celebración.
¿Por qué voy a inquietarme?
     ¿Por qué me voy a angustiar?
En Dios pondré mi esperanza
     y todavía lo alabaré.
     ¡Él es mi Salvador y mi Dios! (Salmos 42:1-5 CST)

Este es un salmo formidablemente sincero. El corazón del escritor se está rompiendo. Rememora los días en que la presencia de Dios estaba muy cerca, pero ahora está en un desesperado lugar de desánimo. Sin embargo, luego se sobrecoge y habla con su propia alma. Casi puedes sentirlo ponerse de pie cuando dice: «¿Por qué me voy a angustiar? En Dios pondré mi esperanza y todavía lo alabaré. ¡Él es mi Salvador y mi Dios!» (v. 5). Él está declarando esta verdad sobre sí mismo. Lo está gritando en la oscuridad y al enemigo, a quien le encantaría que nos cansáramos tanto que simplemente renunciemos. He orado este salmo una y otra vez cuando estaba exhausta, el trabajo se acumulaba y solo quería comprar un boleto de ida a Bora Bora. Cuando declaro la verdad de Dios en voz alta, eso levanta mi espíritu. Me recuerda quién es Dios y quién soy y que soy amada. Si estás desanimada, ¿te tomarías unos minutos para orar este salmo sobre ti? Quizás puedas encontrar un lugar tranquilo o salir a caminar y declararlo en voz alta.

Cristo oraba los salmos

De todas las razones para orar con los salmos, ninguna es mayor que esta: Jesús oró con ellos. En la cruz, exclamó el Salmo 22: «Dios mío, Dios mío, ¿por qué me has abandonado?» (v. 1).

La crucifixión era una forma brutal de morir. Para recuperar el aliento, el que estaba siendo crucificado tenía que empujar hacia arriba los tres clavos, uno en cada mano y otro a través de los tobillos, para tomar aire. Después de que Cristo gritó ese primer versículo del Salmo 22, no es irrazonable creer que cuando dejó caer su cuerpo nuevamente, continuó orando en silencio a través de ese salmo. Mientras respiraba por última vez, oró el Salmo 31: «En tus manos encomiendo mi espíritu» (v. 5 RVR1960). Cuando lees los Salmos, es claro que Jesús está en todas partes. El teólogo alemán Dietrich Bonhoeffer describió el libro de Salmos de esta manera:

El Hombre Jesucristo, a quien ninguna aflicción, enfermedad, sufrimiento le es ajeno y que aun era completamente inocente y justo, está orando en el Salterio a través de la boca de su iglesia. El Salterio es el libro de oraciones de Jesucristo... Oró el Salterio y ahora se ha convertido en su libro de oraciones para siempre... Los que oran los salmos se unen a la oración de Jesucristo, oración que llega a los oídos de Dios. Cristo se ha convertido en su intercesor.[9]

¡Cristo se ha convertido en tu intercesor! Qué poderoso. Qué promesa. Espero que veas a través de las citas de este capítulo que orar la Palabra de Dios siempre ha sido el camino para el pueblo de Dios. Aun cuando estaba atrapado en el vientre de un pez enorme, Jonás oró los salmos:

En mi angustia clamé al SEÑOR,
    y él me respondió.
Desde las entrañas del sepulcro pedí auxilio,
    y tú escuchaste mi clamor. (Jonás 2:2 CST)

Si continúas leyendo Jonás 2:3-9, verás que citó, al menos, diez salmos. Había estado en el gimnasio de los salmos. Oculto en tu Biblia hay un libro de oraciones. Te traerá consuelo y fuerza, te ayudará a orar con poder y autoridad, y te guiará cuando el camino se oscurezca.

Tu palabra es una lámpara a mis pies;
    es una luz en mi sendero. (Salmos 119:105)

Las mujeres que oran no dependen de su propia fuerza, sino del poder de la Palabra de Dios.

RECORDATORIOS DE ORACIÓN

1. Cuando oras la Palabra de Dios, oras con poder y autoridad.
2. Ora los salmos cada día, consciente de que era el libro de oraciones de Jesús.
3. Cuando ores, pídele al Espíritu Santo que te guíe.

UNA ORACIÓN CUANDO ORAS CON EL PODER DE LA PALABRA DE DIOS

Padre:

Gracias por tu palabra. Gracias por los salmos. Comenzaré orando esto: «Ábreme los ojos, para que contemple las maravillas de tu ley» (Salmos 119:18). Esa es mi oración. Abre mis ojos a todo lo que tienes para mí en tu Palabra. Gracias por darme un libro de oraciones. Espíritu Santo, dirígeme y guíame mientras oro la Palabra de Dios al Padre. Amén.

Ora con la armadura puesta

Las mujeres que oran se ponen toda la armadura de Dios, confiando en sus promesas.

«Y ahora», dijo Aslan en este momento «a los negocios. Creo que voy a rugir. Será mejor que te metas los dedos en las orejas».

Y eso hicieron. Y Aslan se puso en pie y cuando abrió la boca para rugir, su rostro se volvió tan aterrador que no se atrevieron a mirarlo. Y vieron todos los árboles frente a él doblarse ante la explosión de su rugido, como cuando la hierba se dobla en un prado ante el viento.

C. S. Lewis, *El león, la bruja y el armario*

Por último, fortalézcanse con el gran poder del Señor. Pónganse toda la armadura de Dios para que puedan hacer frente a las artimañas del diablo.

Efesios 6:10-11

Comienza con solo uno o dos. Hemos tenido paz todo el invierno y luego, de repente, como un equipo avanzado para un ejército invasor, veo los primeros mosquitos de verano. Los veranos en Dallas son bastante difíciles sin esas pequeñas plagas sedientas. Nuestros veranos son brutalmente calurosos. En el 2011, tuvimos cuarenta días continuos con temperaturas superiores a los cuarenta grados centígrados. El calor es intenso, pero los mosquitos hacen la vida miserable. Recibo algunas picaduras cada año, pero los mosquitos parecen sentirse tan atraídos por Christian y Barry como las polillas a la luz. Sus picaduras se convierten en enormes ronchas con picazón.

Hemos intentado todo para hacer que nuestro patio sea más llevadero. Antes de que Christian se fuera a la universidad, se le ocurrió la brillante idea de hacer que nos sentáramos afuera con mosquiteros que nos cubrieran. No solo nos veíamos ridículos, como el fantasma de la Navidad pasada, sino que el tejido de las redes también hacía que beber mi café mañanero fuera muy difícil. Luego probamos con la esencia repelente citronela. Teníamos velas por todos lados. Como eso no hizo nada, conseguimos antorchas tiki y las llenamos con citronela líquida. Eso tampoco funcionó, aparte de que emanaba mucho humo, tanto que apenas podíamos respirar. Investigué un poco en línea y pedí un nuevo tipo de repelente. Su publicidad me inspiró: «Enciéndelo y, al instante, ¡los mosquitos se irán!». Supuestamente, crearía un área de protección de diez metros cuadrados en el patio. Parecía demasiado bueno para ser verdad y lo era. Quizás los mosquitos en otros estados son repelidos por la pequeña bocanada de humo que sale de la unidad, pero en Texas reciben esa bocanada como una invitación a una fiesta.

El momento en que parece que Barry es el más atacado es cuando paseamos a los perros por la noche. Es todo un espectáculo ver cuando salimos. Todavía hace mucho calor, incluso después del atardecer, pero se mete los pantalones en los calcetines y se pone una sudadera con la capucha bien ajustada alrededor de la cabeza. Tendrá dos pulseras repelentes de mosquitos en sus muñecas y una en cada tobillo. Una vez hasta añadió sábanas de secado a su equipo. Sí, nos hemos convertido en vecinos extraños. Podríamos vender boletos para la caminata nocturna de los Walsh.

Esta mañana llegamos a unas temperaturas históricas en el punto mínimo. Barry ordenó una carpa para los cachorros con el fin de ponerla en el patio para que podamos sentarnos allí con los perros y tomar nuestro café de la mañana. Por eso, si alguna vez vuelas a Dallas y —cuando el avión vaya bajando— miras por la ventana y ves una pequeña carpa azul en el patio de una casa, solo saluda, seremos nosotros.

Distracciones espirituales

Tal como los mosquitos en verano que molestan y distraen, el enemigo hará todo lo posible para distraernos de la oración. Nos molestará con pensamientos, acusaciones, ocupaciones, cualquier cosa que nos aleje de nuestra arma más poderosa. Una de las distracciones más tentadoras que superar es confiar en cómo nos sentimos cuando oramos. Nuestros sentimientos nunca son una indicación del poder de nuestras oraciones, pero a menudo —si no nos sentimos escuchadas— estamos dispuestas a renunciar. Al enemigo no le agradaría nada más que eso. En su maravilloso libro *Cartas del diablo a su sobrino*, C. S. Lewis aborda este asunto. El libro consta de treinta y una cartas escritas por un demonio llamado Escrutopo a su joven sobrino, Orugario, instruyéndolo sobre cómo atacar la fe del hombre al que se le asignó para atormentarlo. Una de sus mejores estrategias es atacar la manera en que el hombre ora.

> Lo más sencillo es apartar su mirada de Él hacia sí mismos. Mantenlos observando sus propias mentes y tratando de producir sentimientos por la acción de la propia voluntad de ellos. Cuando tengan la intención de pedirle caridad, permíteles —en cambio— que empiecen a tratar de generar sentimientos compasivos con ellos mismos, de forma que no puedan notar que eso es lo que están haciendo. Cuando tengan la intención de orar por valentía, déjalos que traten de sentirse valientes. Cuando digan que están orando por el perdón, déjalos que traten de sentirse perdonados.

Enséñales a estimar el valor de cada oración por su éxito en producir el sentimiento deseado.[1]

Como joven creyente, a menudo caía en esa trampa. Cuando sentía que mis oraciones no pasaban más allá del techo de la habitación, me desanimaba y dejaba de orar. Ya no. Hay una batalla espiritual a nuestro alrededor todos los días y vamos a enfrentarla en el nombre de Jesús. Juntos iremos más allá de nuestros sentimientos. Jesús vale mucho más que las hijas que solo oran cuando tienen ganas. Queremos que nuestras vidas cuenten. Queremos saber cómo orar. Queremos saber qué decir. Una pieza muy importante del rompecabezas acerca de cómo orar con autoridad está incluida en la que llamamos la Oración del Señor. En realidad, es la oración de los discípulos, la que Cristo les enseñó en respuesta a su pregunta. Si alguna vez te has preguntado: ¿cómo querría Jesús que oraras?, sabemos que Lucas y Mateo escribieron la respuesta para nosotros.

Enséñanos a orar

Un día estaba Jesús orando en cierto lugar. Cuando terminó, dijo uno de sus discípulos:—Señor, enséñanos a orar, así como Juan enseñó a sus discípulos. (Lucas 11:1)

Ver la forma cómo Jesús vivió y las cosas milagrosas que hizo deben haber hecho que los discípulos quisieran saber por qué era tan diferente de todos los líderes religiosos que alguna vez escucharon. Él hablaba como quien tenía autoridad. Veían cómo pasaba tiempo solo en oración y por eso, queriendo ser como Él, le pidieron que les enseñara a orar. Mateo coloca esta oración en el contexto del Sermón del Monte (Mateo 6), pero Lucas deja en claro que esta es la oración que se nos da en respuesta a una pregunta directa de un discípulo. Esta no es una oración para cualquiera que desee lanzar algunas palabras rápidas al cielo; esta es una oración para aquellos que confiesan el nombre de Jesús. Es una oración específica para los seguidores de Cristo.

Ustedes deben orar así:
«Padre nuestro que estás en el cielo,
santificado sea tu nombre,
venga tu reino,
hágase tu voluntad
en la tierra como en el cielo.
Danos hoy nuestro pan cotidiano.
Perdónanos nuestras deudas,
como también nosotros hemos perdonado a nuestros
deudores.
Y no nos dejes caer en tentación,
sino líbranos del maligno». (Mateo 6:9-13)

La oración comienza con «Padre nuestro que estás en los cielos». Esta es una puerta abierta —muy personal— a la presencia de Dios. Dirigirse a Dios como Abba hubiera sido casi desconocido en el judaísmo del primer siglo, pero ese es tu privilegio cuando le perteneces a Dios. No vas a un Dios con el que no tienes relación; vas a tu Padre. Si tuviste una buena relación con tu padre, este podría ser un concepto fácil de entender. Si, en cambio, tuviste una relación fracturada con tu papá, podría ser más desafiante. Quizás tu padre fue crítico y nunca sentiste que estabas a la altura. Tal vez no fuiste la preferida de la familia. Ahora lo eres. Tú eres a quien Jesús ama. Eres recibida por tu Padre. Me encanta la forma en que Simone Weil aclara esto: «No tenemos que buscarlo, solo tenemos que cambiar la dirección en la que estamos mirando».[2]

Pasemos de ese lugar de relación a la adoración. «Santificado sea tu nombre» no es el tipo de lenguaje que usaríamos en una conversación, pero Jesús está estableciendo dos cosas —que deberían ser diametralmente opuestas— una al lado de la otra: Dios es nuestro Abba; pero Él también es santo. No hay nadie en el cielo ni en la tierra que pueda compararse con nuestro Dios. Es fácil ser negligentes en la oración, pero a pesar de que somos bienvenidas a acudir como somos, debemos recordar quién es Dios. Dios es un Dios santo. Cuando Isaías vio al Señor, pensó que su vida había terminado.

El año de la muerte del rey Uzías, vi al Señor excelso y sublime, sentado en un trono; las orlas de su manto llenaban el templo. Por encima de él había serafines, cada uno de los cuales tenía seis alas: con dos de ellas se cubrían el rostro, con dos se cubrían los pies, y con dos volaban. Y se decían el uno al otro:

«Santo, santo, santo es el Señor Todopoderoso; toda la tierra está llena de su gloria».

Al sonido de sus voces, se estremecieron los umbrales de las puertas y el templo se llenó de humo. Entonces grité: «¡Ay de mí, que estoy perdido! Soy un hombre de labios impuros y vivo en medio de un pueblo de labios blasfemos, ¡y no obstante mis ojos han visto al Rey, al Señor Todopoderoso!». (Isaías 6:1-5 CST)

Cuando entendemos la perfecta santidad de Dios, tenemos la libertad de llamarlo Abba en un sentido mucho más sorprendente. Nunca quiero dar eso por hecho. Nunca quiero ser tan amiga de Dios que pierda el temor reverente y el temor a lo que Él es. En este momento, Él está en el trono, manteniendo toda la eternidad en su lugar, Él es soberano para siempre.

«Venga tu reino». ¿Alguna vez has estado tan desesperada por una bebida que pensaste que no sobrevivirías sin ella? Olvidé llenar mi botella de agua una vez en un viaje misionero en Tailandia. Habíamos manejado a las montañas, hora tras hora, y la temperatura era superior a los cuarenta grados. El agua era todo en lo que podía pensar. Así es como creo que Cristo quiere que oremos, que anhelemos el reino de Dios en esta tierra. Oramos por un derramamiento del Espíritu de Dios. Somos las proclamadoras del reino de Dios, y eso debería marcar la diferencia. Cuando entramos en una habitación, la atmósfera debería cambiar a causa del que vive en nosotras. También oramos y anhelamos ese glorioso día cuando Cristo regrese y todas nuestras luchas terrenales hayan terminado, cuando al fin lo veamos cara a cara.

Luego oramos: «Hágase tu voluntad en la tierra como en el cielo». Incluso cuando vemos que los días se oscurecen, continuamos orando fielmente para que se haga la voluntad de Dios. Estamos llamadas a orar por nuestra nación, ya sea que vivamos en Estados Unidos, Australia, Brasil, Escocia o Israel. El pueblo de Dios está llamado a orar por su nación y por sus líderes para que se cumpla la voluntad de Dios. Cuando Pablo le escribió a Timoteo, le dijo:

> Así que recomiendo, ante todo, que se hagan plegarias, oraciones, súplicas y acciones de gracias por todos, especialmente por los gobernantes y por todas las autoridades, para que tengamos paz y tranquilidad, y llevemos una vida piadosa y digna. Esto es bueno y agradable a Dios nuestro Salvador, pues él quiere que todos sean salvos y lleguen a conocer la verdad.
> (1 Timoteo 2:1-4)

Es fácil olvidarnos de orar por los que están en autoridad. Es mucho más fácil criticarlos, pero como hijas de Dios, estamos llamadas a orar por ellos. Quién sabe lo que Dios logra en el mundo invisible cuando nos alineamos con su Palabra y oramos.

Pero no simplemente miramos afuera; también vemos hacia adentro. Oramos porque se haga la voluntad de Dios no solo en la vida de nuestra nación sino también en nuestras propias vidas y en las de aquellos que amamos. Cristo oró de esta manera cuando se sintió abrumado por el dolor en el jardín de Getsemaní. Así que nosotras también, cuando nos enfrentemos a lo que sea hoy o mañana, oremos no solo para que nos salvemos sino para que se haga la voluntad de Dios. Recuerdo una de mis propias oraciones tipo «Hágase tu voluntad».

Después de un examen físico de rutina, cuando mi doctora detectó lo que ella creía que era cáncer en uno de mis ovarios, llamó para programar la cirugía de inmediato. En realidad, estaba filmando un video de un estudio bíblico cuando recibí su llamada. Fue un jueves por la tarde. La cirugía se programó para el lunes por la mañana. El viernes por la mañana, me levanté temprano antes que todos y saqué mi taza de café al porche del rancho donde nos estábamos quedando. Cuando el sol comenzó a salir sobre el lago, salí del porche y caminé hacia la orilla del lago. Me arrodillé y, con las manos alzadas hacia el cielo, oré.

Padre:

Esto es una sorpresa para mí, pero no lo es para ti. Gracias porque estás conmigo ahora y porque estarás con el cirujano y conmigo el lunes por la mañana. Esta es mi oración. Quiero que lo que sea que ocurra glorifique tu nombre. Si se trata de cáncer y lo quieres usar para tu gloria, tal vez haya alguien en la cama a mi lado que no te conozca; si es así, entonces úsame. ¡Digo sí! Si es tu voluntad que esto no sea cáncer, te doy gracias. De cualquier manera, mi oración sincera es que hagas lo que más gloria dé a tu nombre. Por Jesús, amén.

Los resultados mostraron que era un tumor benigno. No cuento esto como para mostrar un momento de «jactancia por mi consagración». No, soy yo quien te escribe como tu hermana mayor. Le di mi vida a Cristo a los once años y he tenido muchos, muchos años de vivir la fidelidad y la bondad de Dios. Él tiene un historial conmigo. Entiendo, tan profundo como la médula de mis huesos, que Dios es bueno, Él es por nosotros, Él es fiel. Quiero que tengas esa confianza también para que puedas decir sí a Dios y descansar en su paz.

Luego, reconocemos que dependemos completamente de Dios para que nos provea. «Danos hoy nuestro pan cotidiano». He tenido temporadas en las que tenía mucho y otras en las que no tenía nada. He pasado de una casa costosa a un pequeño apartamento con dos sillas de plástico blanco. Lo que ha sido cierto en ambos escenarios es que aquel que es mi Proveedor es Dios.

No sé en qué punto estés financieramente. Puede que estés en una gran posición en la que el dinero nunca será una preocupación para ti, o puedes estar en un lugar vulnerable donde solo tienes para pasar cada mes. Sé lo difícil que eso puede ser. Aprendí más sobre la bondad y la fidelidad de Dios durante los días en que no estaba segura de dónde vendría mi próximo cheque.

Estoy segura de que aquellos que escucharon a Jesús enseñar ese día pensaron en sus antepasados, que habían vagado por el desierto durante cuarenta años. Dios les proveyó comida cada día. Cuando intentaron almacenarlo para el día siguiente, todo les salió mal. Dios los estaba enseñando: «Soy tu proveedor». Lo soy hoy y lo seré mañana. En cada situación, una cosa seguía siendo cierta para ellos, y lo es para nosotros: Dios es nuestro proveedor, ya sea que tengamos poco o mucho.

Entonces Jesús llega a la parte de la oración que lo cambia todo: «Y perdónanos nuestras deudas, como también nosotros hemos perdonado a nuestros deudores». Todo lo demás en la oración se enfoca en Dios, pero por un momento el centro de atención se vuelve hacia nosotros. Perdón. El perdón es transformador. Si queremos conocer el poder de Dios en la oración, debemos perdonar. Es significativo que el perdón sea lo único que Jesús nos pide aquí. Todo lo demás lo llevó en la cruz.

En el relato de Mateo, Jesús continúa diciendo: si perdonan a otros sus ofensas, también los perdonará a ustedes su Padre celestial. Pero, si no perdonan a otros sus ofensas, tampoco su Padre les perdonará a ustedes las suyas (6:14-15).

Esa es una declaración que nos da una gran lección. Si queremos ser perdonadas, debemos perdonar. Quién sabe qué avivamiento se está demorando debido a la falta de perdón. Sé que perdonar a alguien puede ser muy difícil. Algunas atrocidades llevadas a cabo en esta tierra son imperdonables, no para Cristo. Tengo una amiga que fue tan golpeada por su esposo que le rompió la mandíbula. Tengo otra que fue abusada sexualmente durante años por su propio padre. ¿Cómo se supone que perdonen estos actos atroces? Queremos que la vida sea justa, pero no lo es. El perdón es el regalo de Dios para nosotras en un mundo que no es justo.

Si queremos conocer el poder de Dios en la oración, debemos perdonar.

No hay nada justo en la brutal ejecución que sufrió Cristo en la cruz, pero su sacrificio hizo posible que nosotros seamos perdonadas. El inocente cargó nuestra culpa para que pudiéramos ser libres y libres de elegir perdonar a otros. Cuando decidimos perdonar por voluntad propia, no estamos excusando por un momento lo que sucedió. Simplemente estamos entregando la ofensa a Cristo. Si hay alguien en este momento a quien no puedes perdonar, al enemigo le encantaría que te mantuvieras así. Mientras te aferres a ese peso, él puede atormentarte con eso. Pero Satanás no tiene nada en su arsenal para combatir el perdón. Eso lo vuelve impotente. ¿Orarías conmigo ahora y le darías esa carga a Jesús?

Padre:

En este momento, por un acto de mi voluntad y no de mis sentimientos, decido perdonar a (nombra a la persona). Me he aferrado a esto durante el tiempo suficiente y ahora quiero ser libre. Así que pongo este peso a tus pies, no lo volveré a levantar. Si el enemigo me lo recuerda nuevamente, te pido que me ayudes a dejarlo de inmediato. Ya no soy víctima. Gracias a ti, Jesús, ¡soy vencedora! En el nombre de Jesús, amén.

Si tienes que decir esa misma oración cien veces hasta que seas libre, ora cien veces. El pasado se fue; eres una mujer nueva. Tu historia nunca determinará tu destino en Cristo Jesús.

Finalmente, le pedimos a Dios su protección del maligno. «Y no nos dejes caer en la tentación, sino líbranos del mal». Estamos en una batalla. Tenemos un verdadero enemigo. Él no es Dios, pero es astuto y odia todo lo que Dios ama (tú y yo). Gracias a Dios no estamos indefensos.

Por último, fortalézcanse con el gran poder del Señor. Pónganse toda la armadura de Dios para que puedan hacer frente a las artimañas del diablo. Porque nuestra lucha no es contra seres humanos, sino contra poderes, contra autoridades, contra potestades que dominan este mundo de tinieblas, contra fuerzas espirituales malignas en las regiones celestiales. (Efesios 6:10-12)

Es hora de vestirse

Prepararse para la batalla espiritual es fundamental. No queremos involucrarnos con el enemigo si no estamos preparadas.

Una de las cosas que aprendí al principio con los viajes misioneros es que debes vestirte adecuadamente, sobre todo en África. Las temperaturas allá a menudo son muy altas, por lo que necesitas ropa ligera de algodón, pero también necesitas botas de cuero fuertes en las que puedan meterse los pantalones para que no se te introduzcan los insectos grandes, las ranas venenosas o las serpientes. Si lo que usamos para nuestros viajes cuenta, lo que usamos para las batallas espirituales cotidianas importa un millón de veces más.

Tal vez hayas escuchado una buena cantidad de mensajes sobre la armadura de Dios, pero mi pregunta es la siguiente: ¿Te vistes todos los días con ella? No siempre me acordaba de hacerlo, pero he cambiado mi estrategia. Nuestro mundo se está volviendo cada vez más malvado. Nuestra fe cristiana estará bajo ataque en más y más escenarios, y —a medida que se acerque el día del regreso de Cristo— nuestro enemigo aumentará su maldad. La oración y la Palabra de Dios son nuestras armas.

Pónganse la salvación como casco y tomen la espada del Espíritu, la cual es la palabra de Dios. Oren en el Espíritu en todo momento y en toda ocasión. Manténganse alerta y sean persistentes en sus oraciones por todos los creyentes en todas partes. (Efesios 6:17-18 NTV)

Antes de que veamos las piezas específicas de la armadura espiritual y lo que significan, quiero recordarte dos cosas que el enemigo es y dos realmente importantes que no es.

Satanás es un león rugiente

Practiquen el dominio propio y manténganse alerta. Su enemigo el diablo ronda como león rugiente, buscando a quién devorar. (1 Pedro 5:8)

Pedro aclara que la misión del enemigo es eliminar a tantos creyentes como sea posible, por lo que debemos estar alertas. Por eso es tan importante estar en comunidad con otros creyentes, ser parte de una iglesia local. Cuando estás sola, es mucho más fácil alejarte y dejarte llevar, desanimarte e incluso alejarte de la fe. He hablado con muchas mujeres jóvenes que están decepcionadas con la iglesia y piensan que no la necesitan. Entiendo que somos un cuerpo imperfecto, pero el escritor de la Carta a los Hebreos dijo lo siguiente:

No dejemos de congregarnos, como acostumbran hacerlo algunos, sino animémonos unos a otros, y con mayor razón ahora que vemos que aquel día se acerca. (Hebreos 10:25)

Si el día del regreso de Cristo estaba cerca cuando se escribió esta carta, ahora lo está mucho más. Hay muchos sábados por la noche o temprano en la mañana del domingo cuando llego a casa después de haber dado una conferencia y todo lo que quiero hacer es meterme en la cama y tomar una siesta. Pero cuando me obligo a ir hasta la iglesia y comenzamos juntos a alzar nuestras voces en adoración, algo cambia dentro de mí. Recuerdo la bondad de Dios y lo valioso que es para ser alabado, cuando estamos animadas y cuando estamos agotadas. Es mucho más fácil para el enemigo desanimarnos cuando decidimos que amaremos a Jesús a nuestra manera. Entiendo esa tentación, pero no es sabia ni bíblica. Nos necesitamos unos a otros.

Satanás es mentiroso y padre de mentiras

Jesús, hablando a la multitud, describió a Satanás de esta manera:

> Ustedes son de su padre, el diablo, cuyos deseos quieren cumplir. Desde el principio este ha sido un asesino, y no se mantiene en la verdad, porque no hay verdad en él. Cuando miente, expresa su propia naturaleza, porque es un mentiroso. ¡Es el padre de la mentira! (Juan 8:44)

Podemos regresar al capítulo 3 de Génesis y ver la forma en que Satanás les mintió a Adán y a Eva, haciéndolos dudar de la bondad de Dios. En Génesis 2, Dios les advirtió lo que sucedería si comían de un árbol que estaba en el jardín:

> Y le dio este mandato: Puedes comer de todos los árboles del jardín, pero del árbol del conocimiento del bien y del mal no deberás comer. El día que de él comas, ciertamente morirás. (Génesis 2:16-17)

Cuando Satanás intervino, contradijo directamente la Palabra de Dios:

> Pero la serpiente le dijo a la mujer:
> —¡No es cierto, no van a morir! Dios sabe muy bien que, cuando coman de ese árbol, se les abrirán los ojos y llegarán a ser como Dios, conocedores del bien y del mal. (Génesis 3:4-5)

Se suponía que Adán y Eva no morirían nunca, sino que vivirían con Dios en el Paraíso, comiendo del árbol de la vida para siempre, como todos nosotros. Una vez que pecaron, Dios tuvo que sacarlos del jardín. Ahora estaban heridos y llenos de vergüenza. Si se les hubiera permitido quedarse en el jardín y comer del árbol de la vida, habrían vivido para siempre, pero heridos para siempre. Dios los amó a ellos y a nosotros demasiado como para que eso se hubiera quedado así.

Satanás era un mentiroso desde entonces y sigue siéndolo, así que cuando escuches esa vieja voz familiar que dice: «No cambiarás nunca.

Dios no te ama. Nadie escucha tus oraciones», reconoce quién está hablando. No es Dios, es tu enemigo.

Por lo tanto, ya no hay ninguna condenación para los que están unidos a Cristo Jesús. (Romanos 8:1)

No hay condenación para quienes hemos aceptado a Cristo como nuestro Salvador, así que cuando te sientas condenada, debes saber que esos sentimientos provienen del mentiroso. El enemigo tiene algo de poder, pero es muy limitado. Lo que más importa es lo que él no es.

Satanás no es omnipresente

Dios es omnipresente, lo que significa que está aquí conmigo mientras escribo y contigo mientras lees. En el Salmo 139, David dejó claro que no hay ningún lugar al que podamos huir del Espíritu de Dios. Nunca estás sola. Dios siempre está contigo. Satanás, el ángel caído, no puede hacer eso. Puede estar en un solo lugar a la vez, pero tiene sus demonios.

Porque nuestra lucha no es contra seres humanos, sino contra poderes, contra autoridades, contra potestades que dominan este mundo de tinieblas, contra fuerzas espirituales malignas en las regiones celestiales. (Efesios 6:12)

Conocemos lo que dice el libro de Job (1:6-12) y también leemos que Cristo fue guiado por el Espíritu al desierto para ser probado por el diablo (Lucas 4:1-2), que Satanás tiene que obtener el permiso de Dios antes de que a él se le permita tocar a cualquiera de los hijos de Dios. Escuché a alguien hacer una declaración de que Satanás es lo opuesto a Dios. Eso no es verdad. Satanás es una criatura. Fue creado por Dios, como lo fueron todos los ángeles. Él no sostiene una vela si no es por el poder de nuestro Padre. Dios no solo es omnipresente y Satanás no lo es, sino que Dios además es omnisciente. Él lo sabe todo, pero todo lo que el enemigo puede hacer es adivinar.

Satanás no es omnisciente

El hecho de que Satanás no sea omnisciente es una verdad que a veces olvidamos. Sí, Satanás puede mentirnos —y esperar que creamos—, pero no tiene idea de si le creeremos o no. Déjame darte una ilustración de cómo se ve esto.

Imagínate parada en lo alto de una escalera que conduce a una bodega. Te sientes mal y Satanás lanza la primera mentira: «Tu vida nunca será mejor de lo que es ahora». Si crees eso, estás un paso abajo. Luego el siguiente: «Parece que Dios no está escuchando tus oraciones, ¿verdad?». Acepta esa mentira y estarás un paso más abajo. «Dios no te ama tanto como a tu amigo». Otro paso hacia abajo. Te está diciendo estas mentiras con la esperanza de que le creas. Si aceptas sus mentiras, antes de que te des cuenta, estarás en la parte inferior de los escalones de la bodega. Debemos combatir las mentiras de Satanás con la verdad de Dios.

Porque yo sé muy bien los planes que tengo para ustedes —afirma el SEÑOR—, planes de bienestar y no de calamidad, a fin de darles un futuro y una esperanza. (Jeremías 29:11)

Mañana, tarde y noche clamo en medio de mi angustia,
y el SEÑOR oye mi voz. (Salmos 55:17 NTV)

Pues estoy convencido de que ni la muerte ni la vida, ni los ángeles ni los demonios, ni lo presente ni lo por venir, ni los poderes, ni lo alto ni lo profundo, ni cosa alguna en toda la creación podrá apartarnos del amor que Dios nos ha manifestado en Cristo Jesús nuestro Señor. (Romanos 8:38-39)

Cuando combatimos con la verdad de la Palabra de Dios cada una de las mentiras de Satanás, él tiene que irse.

Toda la armadura de Dios

Pablo escribió la Carta a los Efesios cuando fue encarcelado en Roma. Es una de las cuatro cartas llamadas Epístolas de la prisión (las otras son Filipenses, Colosenses y Filemón). En el primer capítulo de Filipenses, habla sobre la forma en que Dios usó su encarcelamiento para impactar a los guardias del palacio. Como lo escribió, Pablo estaba literalmente encadenado a un soldado romano. Desde ese lugar con esa visión a su lado todos los días, escribió sobre la armadura de Dios.

Por lo tanto, pónganse toda la armadura de Dios, para que cuando llegue el día malo puedan resistir hasta el fin con firmeza. Manténganse firmes, ceñidos con el cinturón de la verdad, protegidos por la coraza de justicia, y calzados con la disposición de proclamar el evangelio de la paz. Además de todo esto, tomen el escudo de la fe, con el cual pueden apagar todas las flechas encendidas del maligno. Tomen el casco de la salvación y la espada del Espíritu, que es la palabra de Dios. (Efesios 6:13-17)

Hay una promesa poderosa dentro de esas instrucciones. Si nos vestimos todos los días con toda la armadura de Dios, podremos resistir al enemigo, y después de las batallas que enfrentemos, todavía estaremos de pie. Es una promesa, pero las instrucciones son claras: debemos ponernos toda la armadura de Dios, no solo una o dos de nuestras piezas favoritas. Cuanto más comprometida estés con ser una mujer de oración, más te darás cuenta de que estás en una batalla. Si no prestas mucha atención a la oración o la Palabra de Dios, el enemigo no te prestará mucha atención, pero cuando hayas decidido que estás dentro, la guerra está en marcha.

El cinturón de la verdad

En el uniforme de un soldado romano, el cinturón era una pieza clave de la armadura. Sostenía la coraza y protegía las áreas más vulnerables del soldado debajo de su pecho, estómago y la ingle. Este cinturón o faja también sostenía la espada a su lado. Sin esta parte de su armadura, el soldado no podría sostener su coraza ni su espada. Pablo nos dice que, sin la verdad de la Palabra de Dios, somos vulnerables a los ataques del enemigo. Solo la verdad de Dios puede vencer las mentiras del enemigo.

La coraza de justicia

La coraza de un soldado cubría su corazón. Estamos cubiertos por la justicia de Cristo. Cuando el enemigo quiere atacarnos y acusarnos, recordemos de quién somos.

Al que no cometió pecado alguno, por nosotros Dios lo trató como pecador, para que en él recibiéramos la justicia de Dios. (2 Corintios 5:21)

Es difícil para nosotras aceptar esa verdad. Conocemos nuestros fracasos y la cantidad de veces que hemos caído, pero gracias a la obra terminada de Cristo, cuando Dios nos mira, ve a Jesús. Estamos cubiertas por la sangre de Cristo. Así que protejamos nuestros corazones, sabiendo lo que le costó a Cristo salvarnos. Ese amor nos hace querer vivir de una manera que lo honre.

El calzado de la paz

Pablo vio los zapatos que usaban los soldados romanos para mantenerse firmes en la batalla, por lo que nos anima a mantenernos firmes debido a la paz que tenemos en Cristo. Cuando permanecemos firmes en Cristo, conscientes de lo que hizo por nosotros, estamos preparados para llevar las buenas nuevas de Jesús a un mundo que ha perdido el equilibrio. Cuando exhibamos paz en medio de circunstancias difíciles, otros querrán saber lo que conocemos. Su nombre es Jesús.

El escudo de la fe

El escudo que el soldado romano usaba en la batalla se veía impresionante. Era grande y de forma ovalada, poco más de un metro de alto por setenta centímetros de ancho, y no dejaba pasar nada. Eso es a lo que estamos llamadas a sostener cuando la vida se torna difícil. Nos mantenemos firmes y decimos: «Creo». Hebreos 11, el capítulo de la fe del Nuevo Testamento, comienza así:

Ahora bien, la fe es la garantía de lo que se espera, la certeza de lo que no se ve. (Hebreos 11:1 CST)

Tú y yo pasaremos por cosas difíciles que no tienen sentido, pero la fe nos permite adorar en la oscuridad, conscientes de que Dios es bueno.

El casco de la salvación

El casco cubría y protegía la cabeza del soldado. Al enemigo le encantaría atacar nuestros pensamientos y nuestras mentes para hacernos dudar de nuestra propia salvación, pero podemos saber que pertenecemos a Cristo. Estas son las palabras de Jesús al respecto:

Yo les doy vida eterna, y nunca perecerán, ni nadie podrá arrebatármelas de la mano. (Juan 10:28)

Creo que esta es un área con la que muchas de nosotras luchamos como mujeres. Tocamos las mismas grabaciones antiguas una y otra vez en nuestras mentes. Cuando vuelvo a caer en esa trampa, me apropio de este versículo, declarándolo sobre mi vida.

Destruimos argumentos y toda altivez que se levanta contra el conocimiento de Dios, y llevamos cautivo todo pensamiento para que se someta a Cristo. (2 Corintios 10:5 CST)

La espada del espíritu

Esta última parte de la armadura me sorprendió cuando la estudié por primera vez. Pensé que entendía que Pablo simplemente estaba diciendo que la Palabra de Dios es nuestra espada en la batalla, pero es mucho más específico que eso.

Tomen el casco de la salvación y la espada del Espíritu, que es la palabra de Dios. (Efesios 6:17)

La palabra que se usó aquí para espada es el término griego *machaira*. No es un vocablo para una espada larga romana, una espada normal. Esta expresión es para una espada o daga corta. En otras palabras, algo que usarías para el combate cuerpo a cuerpo. Notarás también que la «palabra de Dios» es con p minúscula. Esto es muy significativo. La palabra griega es *rhema*, que significa «una frase o dicho», no *logos*, en cuyo caso tendría una P mayúscula y es la palabra utilizada para Cristo, la Palabra o para toda la Escritura. Lo que esto significa es que tú y yo podemos encontrar promesas específicas de Dios en las Escrituras para combatir los ataques del enemigo en nuestras vidas. Podemos personalizar nuestras propias armas.

Si luchas con la ansiedad, encuentra tu arma.

Al de carácter firme
lo guardarás en perfecta paz,
porque en ti confía. (Isaías 26:3)

No se preocupen por nada; más bien, en toda ocasión, con oración y ruego, presenten sus peticiones a Dios y denle gracias. (Filipenses 4:6)

Si luchas con la vergüenza, encuentra tu arma.

Los que buscan su ayuda estarán radiantes de alegría;
ninguna sombra de vergüenza les oscurecerá el rostro.
(Salmos 34:5 NTV)

Pues la Escritura dice: Todo aquel que en él creyere, no será avergonzado. (Romanos 10:11)

Si luchas contra el temor, encuentra tu arma.

> Pero ahora, así dice el Señor,
>> el que te creó, Jacob,
>> el que te formó, Israel:
> No temas, que yo te he redimido;
>> te he llamado por tu nombre; tú eres mío. (Isaías 43:1)

> Así que no temas, porque yo estoy contigo;
>> no te angusties, porque yo soy tu Dios.
> Te fortaleceré y te ayudaré;
>> te sostendré con mi diestra victoriosa. (Isaías 41:10)

Sea lo que sea con lo que luches, encuentra tu arma; y luego, como escribe Pablo, «después de la batalla, todavía seguirán de pie, firmes» (Efesios 6:13 NTV). ¡Qué promesa tan maravillosa para toda mujer que ora!

No estás sola. Permanecemos juntas. Una cosa por la que los soldados romanos eran conocidos era por mantenerse firmes frente a la lucha, no se retiraban ni rompían filas. Por eso, podían enfrentar y derrotar a cualquier enemigo. ¡En el nombre de Jesús, nosotras también podemos hacer eso!

Las mujeres que oran se ponen toda la armadura de Dios, confiando en sus promesas.

RECORDATORIOS DE ORACIÓN

1. Ora para perdonar rápidamente mientras el Espíritu Santo te guía.
2. Ora mientras te pones cada pieza de la armadura de Dios.
3. Ora para que Dios te ayude a personalizar las Escrituras que se han de convertir en tus armas para combatir las mentiras del enemigo.

UNA ORACIÓN PARA CUANDO ORAS CON TU ARMADURA PUESTA

Padre:

Hoy reclamo la victoria sobre el enemigo al ponerme toda la armadura de Dios. Me pongo el cinturón de la verdad, firme solamente en tu verdad. Me pongo la coraza de la justicia, recordando que estoy vestida con la justicia de Cristo. Me calzo con los zapatos de la paz y hoy caminaré en tu paz. Que tu paz irradie a través de mí a los demás. Levanto el escudo de la fe contra cada mentira que el enemigo me lance. Te agradezco por el casco de la salvación. Soy tuya y nadie ni nada puede arrebatarme de tu mano. Gracias por las armas específicas que me has dado en tu Palabra para combatir al enemigo. Como una mujer que ora, me mantengo firme en ti. Amén.

Ora cuando necesites un gran avance

Las mujeres que oran saben que el mayor avance está en sus propios corazones.

Si estás orando por un avance, pero no lo ves y —de hecho— sientes más tentaciones de desánimo, frustración, cansancio, duda y escepticismo que antes, no te rindas. La lucha cada vez más intensa siempre precede a los avances estratégicos.

Jon Bloom

Pues aunque andamos en la carne, no militamos según la carne; porque las armas de nuestra milicia no son carnales, sino poderosas en Dios para la destrucción de fortalezas.

2 Corintios 10:3-4

No soy amante de los vuelos matutinos. Tiendo a lucir mejor después del almuerzo. Una salida a las seis de la mañana significa que tengo que levantarme a las cuatro, pero —de vez en cuando— esa es mi única opción. Generalmente viajo los fines de semana, a menos que sea un viaje internacional, pero en esta ocasión en particular, tuve cuatro eventos consecutivos en cuatro estados diferentes durante seis días. El primero fue un miércoles en Peoria. Todo salió bien ahí. Se reunieron ochocientas mujeres en una capilla de la universidad mientras yo enseñaba sobre una de mis asignaturas favoritas «Celebra tus cicatrices como tatuajes de triunfo». ¡No tenía idea de cuántas pequeñas «cicatrices» se agregarían a medida que avanzara el viaje!

A la mañana siguiente, Barry y yo tomamos otro vuelo a las seis de la mañana, esta vez a Chicago. La mañana comenzó tan bien como se podía esperar en la puerta B del aeropuerto de Peoria. Es un aeropuerto muy pequeño sin una cafetería relevante. Tenían una olla de algo, pero olía a una combinación de café, té y estofado de carne, así que pasé de largo. El momento del embarque llegó y todos estábamos todavía sentados en la puerta preguntándonos qué estaba pasando. Pude ver el avión en la pista, pero no pasaba nada. Treinta minutos después, el piloto salió y anunció por el altavoz: «¡Hay un pájaro en la cabina!». Aparentemente, había volado cuando abrieron la puerta para comenzar a abordar. He oído hablar de pájaros que golpean aviones en el exterior que causan mucho daño, pero nunca de uno que quisiera un aventón a Chicago. El piloto preguntó si alguien tenía pan de sobra. Raramente llevo pan, pero una anciana detrás de mí ofreció parte de su emparedado del desayuno, el que él tomó. Supuse que era para convencer al pájaro, pero nunca se sabe.

Una hora después, volvió sin el pájaro ni el sándwich. «Se ha ido al panel de control», dijo. «Tendremos que esperar a mantenimiento». El personal de mantenimiento finalmente apareció y desapareció en el avión. Treinta minutos después, el jubiloso hombre de mantenimiento emergió y abordamos el vuelo. Nos dirigimos a la pista y el piloto anunció que éramos el número uno para el despegue. (Éramos el único avión). Un par de minutos después, sin embargo, regresó al sistema de megafonía: «¡El pájaro ha vuelto!». Y nosotros también, de regreso a la puerta. Todos nos amontonamos de nuevo en el avión. En ese momento, la preparación de café, té y estofado comenzaba a oler bien. El piloto dijo que el hombre de mantenimiento pensó que había conseguido al ave, pero debe haberse escondido. No estoy muy segura de cómo puedes pensar que has conseguido un pájaro si claramente no lo ves. Así que ahora él y el copiloto iban a conducir el avión alrededor del aeropuerto para ver si el pájaro volvía a asomarse cuando escuchara los motores.

No puedes inventar estas cosas.

Observé por la ventana de la terminal mientras conducían y daban giros y vueltas. Ahora sabía que Barry y yo habíamos perdido nuestra conexión en Chicago, pero afortunadamente la próxima conferencia en Rochester no comenzaba hasta la noche siguiente. Cuando vimos el avión llegar a nuestra puerta, nos atrevimos a esperar. El piloto anunció que el pájaro era un «pequeño tipo complicado» y que todavía estaba bien y en buenas condiciones. Le pregunté cuál era el protocolo oficial para las aves en la cabina. Si solo fuera un pájaro pequeño, ¿podríamos irnos? Me aseguró que no podíamos. El piloto y el copiloto podían volar la aeronave, pero no con pasajeros. Entonces los tres, el piloto, el copiloto y el pájaro, se fueron a Chicago. ¡No es broma! Sentí ganas de romper la puerta y ofrecerme a cuidar al pájaro, pero dudaba que la Agencia Nacional de Aviación lo aprobara.

Ya llevábamos ahí ocho horas. Como no había otros vuelos hasta el de las seis de la mañana siguiente, Barry y yo encontramos un hotel en el aeropuerto para pasar la noche. Estaba cansada y descansaba mi cabeza sobre mi mano en el escritorio de nuestra habitación, esperando que Barry se diera una ducha, cuando mi cabeza se cayó de mi mano y golpeó el borde del escritorio. Me di cuenta de inmediato que uno de mis dientes se me cayó, dado que rodaba sobre mi lengua. Solo esperaba que no fuera uno frontal, pero por supuesto que lo era. Golpe directo al centro. ¡Es increíble que una simple superficie de madera pueda hacer tal diferencia! En cuestión de diez segundos, pasé de ser una persona relativamente normal a una pueblerina desdentada. Con solo una pequeña protuberancia marrón. No solamente eso, sino que descubrí que ahora silbaba cuando hablaba. Barry investigó un poco y descubrió que todos los dentistas en Rochester toman el viernes libre e incluso, si hubiera habido uno adicto al trabajo, ese fin de semana había una convención de odontólogos en Minneapolis y todos asistirían.

Al día siguiente nuestro vuelo despegó a tiempo, y cuando aterrizamos en Rochester, comenzó a nevar. Barry preguntó: «¿Dónde está tu chaqueta?».

«Creo que la dejé en Peoria», le dije. Salí a la nieve. «¡Mira, Barry!», grité. «Soy un desastre. ¡Mi cabello está empapado, no tengo chaqueta y tampoco dientes!». ¿Cómo se suponía que debía subir a una plataforma esa noche? Aunque era gracioso a la vista, necesitaba animar mi espíritu para superar el inconveniente. Tuve que pedirle a Dios que me ayudara a ver más allá de las cosas que no funcionaban bien hasta el punto de estar allí esa noche con las mujeres que asistían al evento. La ironía era que estaba hablando de mi último libro, *Está bien no estar bien*. Claramente tenía que hablar más, ya que había muy poco que mostrar sobre mi apariencia.

Días como ese son muy frustrantes, pero los superamos. Sin embargo, hay momentos en la vida en que todo sale mal y necesitamos con desesperación un gran avance. Puede que en este momento estés luchando para mantener tu matrimonio con todo lo que tienes. Quizás tengas un hijo que se ha alejado de su fe o uno adicto a las drogas. O tal vez es tu propia salud lo que te preocupa. Es posible que te hayan dado un diagnóstico que no es muy alentador. Independientemente de lo que estés enfrentando, una cosa es clara: necesitas un avance en el caminar con Dios.

¿Qué es un avance?

El diccionario define el avance de esta manera: «un acto o instancia de moverse a través o más allá de un obstáculo». También significa «un avance repentino, dramático e importante». ¿Alguna vez has estado en un lugar en el que eso era exactamente lo que necesitabas? Necesitabas un camino a través de lo que estaba frente a ti, porque todo lo que podías ver era una pared.

Hemos sido severas en nuestras oraciones, fieles para seguir orando aun cuando parezca que Dios está en silencio. Hemos hablado sobre enfrentar cada día con toda la armadura de Dios, listas para la batalla. Pero esto es otra cosa. ¿Cómo oramos cuando necesitamos un gran avance y cuál es la diferencia entre la guerra espiritual y orar por ese avance?

En la guerra espiritual, nos preparamos para contener las fuerzas de la oscuridad. Nos estamos preparando para enfrentarnos al enemigo y sus ataques. Cuando le pedimos a Dios un avance, estamos orando para que el cielo invada la tierra. Le pedimos a Dios que nos libere porque no podemos liberarnos a nosotras mismas. Es claro para nosotras, en esas situaciones, que solo Dios puede dar el avance que necesitamos. Si has estado orando por un tiempo, quiero animarte a seguir adelante, seguir pidiendo, seguir tocando, porque Dios está escuchando. Lo he experimentado muchas veces en mi propia vida cuando he necesitado escuchar de Dios.

Algo nuevo

Cuando era estudiante universitaria, pasé por unos meses en los que mi vida fue realmente abrumadora. Fui al seminario porque pensaba que Dios quería que fuera misionera en India, pero cuanto más oraba por eso, menos segura me sentía. Recuerdo haber pensado: *¿Y si ni siquiera se supone que esté aquí? ¿Qué pasa si me equivoqué y todos los demás se graduarán sabiendo a dónde van y yo saldré sin tener ni idea?* A medida que se acercaba el día de la graduación, todas las mañanas salía a caminar por el bosque cercano a mi dormitorio antes de que comenzaran las clases y le rogaba a Dios que me mostrara qué hacer. Cada noche me arrodillaba ante la cama llorando y pidiendo ayuda a Dios. Me sentía fracasada. Quería servir a Dios con toda mi vida, pero no sabía cómo sería. A veces pensaba en mi pasado, de dónde venía, y me preguntaba si eso era lo que estaba mal. ¿Por qué elegiría Dios a alguien cuyo padre se había suicidado? Quizás, después de todo, su muerte pudo haber sido por mi culpa. Todos los demás estudiantes parecían mucho más dignos de servir a Dios que yo. Me sentía indigna. Oraba, lloraba y oraba.

Una mañana, mi lectura del día fue Isaías 43:

> Olviden las cosas de antaño;
> ya no vivan en el pasado.
> ¡Voy a hacer algo nuevo!
> Ya está sucediendo, ¿no se dan cuenta?
> Estoy abriendo un camino en el desierto,
> y ríos en lugares desolados. (vv 18-19)

Pensé que era una hermosa promesa, pero no me la apliqué. Ese día, en la capilla, un profesor predicó sobre el mismo pasaje. Lo subrayé en mi Biblia y me fui a mi primera clase. Cuando me arrodillé junto a mi cama esa noche, le pedí a Dios una vez más un gran avance. *Padre, si solo me hablas, lo que quieras que haga, lo haré. Solo necesito saber que estás conmigo.* Estaba a punto de apagar la lámpara cuando llamaron suavemente a mi puerta. Ya había pasado el tiempo de apagar las luces, por lo que sabía que no debíamos estar en las habitaciones de los demás. Me escabullí de la cama y vi que habían empujado un sobre debajo de mi puerta. Lo recogí y lo abrí. Dentro había un mensaje de una de mis amigas y una hoja de papel doblada. La nota decía que ella había estado tratando de localizarme todo el día porque Dios le había dado un mensaje para mí. Desplegué la hoja de papel y allí, en su hermosa caligrafía, estaba el mensaje de Dios:

> Olviden las cosas de antaño;
> ya no vivan en el pasado.

¡Voy a hacer algo nuevo!
    Ya está sucediendo, ¿no se dan cuenta?
Estoy abriendo un camino en el desierto,
    y ríos en lugares desolados. (Isaías 43:18-19)

Fue un avance hermoso. Todavía no sabía a dónde iría al graduarme, pero sabía que Dios tenía un plan y que estaba haciendo algo nuevo.

A veces, cuando oramos por un avance, llega rápidamente, pero otras veces tenemos que esperar. La Palabra de Dios está llena de progresos, pero uno de los más dramáticos sucedió en la vida de Daniel. Lo encontramos en el Antiguo Testamento, cuando las cosas para las personas elegidas de Dios estaban en su peor momento.

El gran avance de Daniel

Cuando Daniel tenía unos quince años, estaba entre la gran multitud de israelitas llevados cautivos en Babilonia. Fue un tiempo catastrófico. Habían sido advertidos una y otra vez por los profetas sobre lo que sucedería si no se arrepentían y se volvían a Dios, pero ignoraron cada una de esas advertencias. Ahora Jerusalén y el templo habían sido destruidos y la gente vivía en una tierra pagana, con la orden de inclinarse ante dioses paganos. Como escribe Warren Wiersbe: «Dios preferiría que su pueblo viviera en vergonzoso cautiverio en una tierra pagana que vivir como paganos en Tierra Santa y deshonrar su nombre».[1]

Daniel demostró ser un hombre piadoso dondequiera que viviera. A medida que crecía, se le dio un lugar de honor en el palacio, lo que no les simpatizaba a otros que tenían autoridad. Estaban decididos a deshacerse de él. El rey Darío amaba y respetaba a Daniel, pero lo engañaron para que firmara un decreto en cuanto a que, si alguien oraba a un dios aparte del rey durante los próximos treinta días, lo arrojarían a una guarida de leones. Los que ocupaban altos cargos sabían que Daniel oraba al Señor tres veces al día; por eso, cuando informaron que Daniel había sido visto orando, su destino estaba sellado.

Lo que me conmueve profundamente es que las oraciones de Daniel nunca fueron ocultas. La gente sabía que él oraba a su Dios. Sus ventanas miraban hacia las ruinas de Jerusalén, y tres veces al día las abría y se arrodillaba para orar. Daniel también conocía el decreto. Sabía que seguir orando arriesgaba su vida. Sin embargo, de todos modos, continuó orando. El rey se angustió cuando aquellos que odiaban a Daniel le informaron que lo habían sorprendido orando, pero que no podía revocar un decreto firmado. En aquellos días, los decretos firmados por un rey eran irrevocables. Sus últimas palabras a Daniel antes de que lo llevaran al foso de los leones fueron estas: «Que tu Dios, a quien sirves tan fielmente, te rescate» (Daniel 6:16 NTV).

Si, como yo, escuchaste la historia de Daniel en el foso de los leones en la escuela dominical, tu familiaridad podría cegarte ante el terror de esa situación. La historia nos dice que los persas empleaban muchas formas de tortura, algunas terriblemente dolorosas. Esperaban que los leones destrozaran a Daniel y que no quedara nada por la mañana, excepto algunos huesos.

Así que lo arrojaron al pozo o la cueva, y cerraron la entrada con el sello real del monarca, para que nadie pudiera romperla ni rescatarlo. Si alguien alguna vez había necesitado un gran avance, era Daniel. A menudo me he preguntado cómo fue esa noche. Leemos que los ángeles fueron enviados a sellar las bocas de los leones. Ese es un avance bastante espectacular. Por la mañana, el rey, que no había podido dormir en toda la noche, se apresuró a la guarida y llamó antes de que tuviera el valor para romper el sello.

—¡Daniel, siervo del Dios viviente! ¿Pudo tu Dios, a quien sirves tan fielmente, rescatarte de los leones?

Y Daniel contestó:

—¡Que viva el rey! Mi Dios envió a su ángel para cerrarles la boca a los leones, a fin de que no me hicieran daño, porque fui declarado inocente ante Dios y no he hecho nada malo en contra de usted, su Majestad.

El rey se alegró mucho y mandó que sacaran a Daniel del foso. No tenía ningún rasguño, porque había confiado en su Dios. (Daniel 6:20-23 NTV)

La Biblia tiene muchas historias de liberaciones milagrosas. Aquí Daniel tuvo una respuesta inmediata, pero a veces —como tú y yo— tenemos que esperar.

Un avance retrasado

Daniel ahora tiene ochenta y cinco años. El año anterior, cincuenta mil judíos habían podido regresar a Jerusalén para reconstruir el templo. Como parte de la corte real, Daniel recibía actualizaciones periódicas y sabía que las cosas no iban bien. Se habían establecido los cimientos del templo, pero había mucha oposición (ver Esdras 4) por lo cual todo se había detenido. Daniel estaba triste porque el trabajo se había estancado. Lo que no entendió fue que la demora de dieciséis años era parte del plan de Dios y el cumplimiento de su promesa a Jeremías. ¿Recuerdas este verso tan querido?

Porque yo sé muy bien los planes que tengo para ustedes —afirma el SEÑOR—, planes de bienestar y no de calamidad, a fin de darles un futuro y una esperanza. (Jeremías 29:11)

Nos encanta la esperanza de este versículo, pero esto es lo que dice el versículo anterior:

Esto dice el SEÑOR: «Ustedes permanecerán en Babilonia durante setenta años; pero luego vendré y cumpliré todas las cosas buenas que les prometí, y los llevaré de regreso a casa». (v. 10 NTV)

En su comentario del Antiguo Testamento, Warren Wiersbe explica que la promesa en Jeremías era para el pueblo de Dios y también para el templo de Dios. Los primeros judíos fueron capturados en 605 a. C., y el primer grupo regresó en 536 a. C., setenta años después. El templo fue destruido en 586 a. C. Cuando los cincuenta mil regresaron en 536 a. C., comenzaron a reconstruir, pero fueron inmediatamente detenidos. Serían dieciséis años antes de que pudieran comenzar de nuevo, en 520, completándolo en 515. El tiempo de Dios es perfecto, setenta años.[2] La gente tardó setenta años en regresar y setenta años para que el templo fuera reconstruido. Puede que sean más matemáticas de las que necesitas, pero quiero que veas el panorama general de tu vida cuando el tiempo de Dios parece no tener sentido. Dios sabe lo que está haciendo. Él es por ti. Él está contigo. No te ha olvidado.

Daniel no podía ver todo el plan, por lo que estaba triste y oraba. De aquí es de donde obtenemos el ayuno de Daniel.

En aquella ocasión yo, Daniel, pasé tres semanas como si estuviera de luto. En todo ese tiempo no comí nada especial, ni probé carne ni vino, ni usé ningún perfume. (Daniel 10:2-3)

Durante tres semanas, Daniel oró por un avance, y parecía que no se produciría ninguno. Entonces, un día, cuando Daniel estaba de pie a orillas del río Tigris, se le apareció un ángel. No puedo imaginar cómo debió haber sido esa vista, pero debe haber sido magnífica, porque Daniel, el que se había enfrentado a los leones, se desmayó. El ángel lo tocó y dijo esto:

Entonces me dijo: «No tengas miedo, Daniel. Tu petición fue escuchada desde el primer día en que te propusiste ganar entendimiento y humillarte ante tu Dios. En respuesta a ella estoy aquí. Durante veintiún días el príncipe de Persia se me opuso, así que acudió en mi ayuda Miguel, uno de los príncipes de primer rango. Y me quedé allí, con los reyes de Persia». (Daniel 10:12-13)

Es importante recordar que cuando oramos por un gran avance, Dios envía a sus santos embajadores a luchar por nosotros.

¿No son todos los ángeles espíritus dedicados al servicio divino, enviados para ayudar a los que han de heredar la salvación? (Hebreos 1:14)

Sin avance

La respuesta de Dios a la situación de Daniel con los leones fue un progreso inmediato. Es posible que hayas experimentado uno igual en tu propia vida. Pero a veces no obtenemos ese gran avance. Las familias oran fervientemente, reúnen guerreros de oración y no obtienen las respuestas que esperan. En tiempos desgarradores como esos, nos aferramos a la bondad de Dios aun cuando no entendemos sus caminos. Si has pasado por eso, quiero que sepas que el resultado no tuvo nada que ver con cómo oraste, con qué frecuencia lo hiciste ni qué tan desesperadamente. Un día, cuando veas a Jesús cara a cara, todas las preguntas se disiparán. Hasta entonces, no permitas que el enemigo ni cualquier amigo «bien intencionado» sugiera que fallaste en alguna manera. Dios tiene un plan que es más grande que nuestro entendimiento y ha prometido sacar el bien de todo lo que nos suceda. Esto no significa que todo esté bien o se sienta bien, pero Él traerá bien a quienes lo aman. Dios tiene un propósito único para nuestras vidas y las de aquellos que amamos.

> Ahora bien, sabemos que Dios dispone todas las cosas para el bien de quienes lo aman, los que han sido llamados de acuerdo con su propósito. (Romanos 8:28)

Unas veces, el progreso se produce rápidamente; otras, se retrasa y —aun otras— no vemos el avance que pedimos en absoluto. Me pregunto en esos tiempos oscuros si el avance que Dios está buscando es en nosotras. Quizás ese sea el progreso más significativo de todos. Pienso en Moisés. Desde que los hijos de Israel fueron liberados de la esclavitud en Egipto, no hicieron nada más que quejarse. Mientras Moisés recibía los Diez Mandamientos, la gente estaba de fiesta, haciendo ídolos de oro. Dios terminó con ellos.

El Señor le dijo a Moisés: «Anda, vete de este lugar, junto con el pueblo que sacaste de Egipto, y dirígete a la tierra que bajo juramento prometí a Abraham, Isaac y Jacob que les daría a sus descendientes. Enviaré un ángel delante de ti, y desalojaré a cananeos, amorreos, hititas, ferezeos, heveos y jebuseos. Ve a la tierra donde abundan la leche y la miel. Yo no los acompañaré, porque ustedes son un pueblo terco, y podría yo destruirlos en el camino». (Éxodo 33:1-3)

¿Cómo responderían Moisés y el pueblo a esta oferta de Dios? Piénsalo. Dios prometía que podrían tener todo lo que quisieran. Podrían tener la tierra que le había prometido a Abraham, la tierra que fluía leche y miel. Solo había una condición. Dios no iría con ellos. ¿Cómo responderías? Si Dios te dijera: «Contestaré cada oración, te daré el hijo, el esposo, la carrera que has pedido. La única diferencia es que mi presencia no estará contigo», ¿cómo responderías? Mi oración es que podamos responder como lo hizo Moisés.

—O vas con todos nosotros —replicó Moisés—, o mejor no nos hagas salir de aquí. (Éxodo 33:15)

Me encanta la respuesta de Moisés. Él dice: «Prefiero deambular por el desierto para siempre contigo que seguir adelante sin ti». Esa es mi respuesta también. Todo sin Dios es nada. Nada con Dios lo es todo. Cuando finalmente lleguemos a ese lugar, ¡qué libertad, qué victoria! Ese es un avance espiritual.

¿Quién eres tú?

Daniel y Moisés pudieron mantenerse firmes cuando todo a su alrededor se estaba desmoronando porque sabían quiénes eran, no sus tareas sino su verdadera identidad. Aunque Daniel vivía y trabajaba en el palacio del rey, sabía que pertenecía a Dios, y nada ni nadie podía alterar su lealtad. Moisés había experimentado la vida en el palacio, la vida a la carrera, y la roca en la que ahora estaba era el gran YO SOY. Así también para ti y para mí. Dado que nuestra identidad se basa en quiénes somos en Cristo, podemos mantenernos firmes, y orar y creer que Dios traerá un gran avance cualquiera sea el tiempo que eso tome, incluso si no es lo que esperábamos. Comprender nuestra verdadera identidad eterna es enorme; lo cambia todo.

Durante muchos años, no tenía idea de quién era; por eso, cuando la presión de la vida era abrumadora, me desmoronaba. Ese era el avance que necesitaba. Desmoronarme fue un regalo de Dios para mí. Dios comenzó a quitar cada capa o máscara de la que dependía. Ya no era una artista cristiana contemporánea ni una presentadora de televisión. Era una paciente psiquiátrica diagnosticada con una enfermedad mental. Pensé seriamente en terminar con mi vida porque no creía que me quedara algo de ella. Lo que descubrí en mi quebrantamiento fue desgarradoramente hermoso, una relación con Jesús basada en nada que traje a la mesa sino en lo que Él es y cómo ama. No importaba si alguna vez volvía a estar en una plataforma. Sabía quién era. Soy Sheila Walsh, hija del Rey de reyes. Eso es lo que somos como hijas de Dios. Por eso, en los días en que sentimos como si nuestra identidad estuviera siendo sacudida, podemos recordar las siguientes verdades.

Soy escogida.

No me escogieron ustedes a mí, sino que yo los escogí a ustedes. (Juan 15:16)

Soy libre.

Y conocerán la verdad, y la verdad los hará libres. (Juan 8:32)

Soy una persona nueva.

Por lo tanto, si alguno está en Cristo, es una nueva creación. (2 Corintios 5:17)

Soy perdonada.

Dios es tan rico en gracia y bondad que compró nuestra libertad con la sangre de su Hijo y perdonó nuestros pecados. (Efesios 1:7 NTV)

No soy condenada.

Por lo tanto, ya no hay ninguna condenación para los que están unidos a Cristo Jesús. (Romanos 8:1)

Estoy sana.

Por sus heridas ustedes han sido sanados. (1 Pedro 2:24)

Encontrar nuestra identidad en otra cosa que no sea Cristo es como construir nuestra casa al borde de un volcán, el cual podría explotar en cualquier momento. Si alguien o algo destruyen esa identidad, ya no sabemos quiénes somos. Fuimos creadas para adorar, y adoraremos algo, ya sean nuestros hijos, nuestra imagen, nuestro equipo de fútbol o incluso nuestro servicio a Cristo. La conclusión sigue siendo: fuimos creadas para Dios y nada ni nadie más puede llenar los lugares profundos de nuestras almas. Aun cuando tengas un matrimonio excelente, una carrera profesional satisfactoria y hermosos hijos, ¿alguna vez te diste cuenta de que incluso en los mejores días todavía te duele?

Si tu identidad está en ser una buena madre y uno de tus hijos se sale de control, ¿quién eres? Si tu identidad se basa en tu trabajo y lo pierdes o no recibes una promoción, ¿cómo reparas el daño de tu alma? Si tu identidad está en casarte y tu esposo te deja por otra mujer más joven, ¿qué le hace eso a quien cree que es? Si tu identidad se basa en tu aspecto, a medida que comienzas a envejecer, enfrentarás cada vez más desafíos con esa identidad. No existe la fuente de la juventud. Sí, hay Botox, cirugía plástica, tinte para el cabello y maquillaje, pero aunque puedas pagar todas esas cosas, solo puedes hacer un poco durante algún tiempo. Cuando nuestra identidad se encuentre en algo que no sea lo que somos en Cristo, terminaremos en un terreno inestable. Fuimos creadas para mucho más. Si tu oración sincera es tener un verdadero avance espiritual en tu vida, un nuevo nivel en la oración, una nueva autoridad en Cristo, entonces debes comenzar a construir tu confianza no en lo que eres, sino en lo que es nuestro Dios.

Si tu oración sincera es tener un verdadero avance espiritual en tu vida, un nuevo nivel en la oración, una nueva autoridad en Cristo, entonces debes comenzar a construir tu confianza no en lo que eres, sino en lo que es nuestro Dios.

Me pregunto incluso, si has leído hasta aquí, si estás pensando: *todo esto es genial, pero es como demasiado en este momento.* Tienes la mirada puesta en la lavandería, en los platos que tienes en el fregadero, en las facturas a pagar, por lo que lo último en lo que estás pensando es en un avance. Yo también entiendo eso. Sin embargo, lo que quiero que sepas es que Dios quiere ser parte de todo ello, de las pequeñas cosas, las cosas diarias. Él ve todo lo que te concierne y quiere ser todo lo que necesitas. Para que eso suceda, debes saber quién es Él. Hay muchos versículos en la Biblia que nos hablan de su carácter. Puede que sepas que Él es tu refugio, pero ¿sabías que también es un Consejero maravilloso, que será tu Padre para siempre? Podrías consolarte con la verdad de que Él es tu paz, pero ¿sabías que también es tu fortaleza? La Biblia contiene innumerables expresiones de lo que es Dios. Mientras estás orando, lee estos pasajes de las Escrituras, pero personalízalos.

Y será llamado:
Consejero Maravilloso, Dios Poderoso,
Padre Eterno, Príncipe de Paz. (Isaías 9:6 NTV)

Señor tu eres mi maravilloso Consejero. Eres mi poderoso Dios. Eres mi Padre eterno. Eres mi Príncipe de Paz.

Haz tuyas las verdades de la Biblia. Cítalas. ¡Decláralas sobre tu vida!

Te amo, SEÑOR;
tú eres mi fuerza. (Salmos 18:1 NTV)

Dios es amor, y todos los que viven en amor viven en Dios y Dios vive en ellos; y al vivir en Dios, nuestro amor crece hasta hacerse perfecto. (1 Juan 4:16-17 NTV)

Tú eres mi refugio;
tú me protegerás del peligro
y me rodearás con cánticos de liberación. (Salmos 32:7)

Yo, el SEÑOR, y no cambio. (Malaquías 3:6)

El SEÑOR es misericordioso y compasivo,
lento para enojarse y lleno de amor inagotable.
(Salmos 145:8 NTV)

Hay muchas más expresiones de lo que es Dios. En última instancia, es bueno, es amor y quiere lo mejor para ti. Si estás orando por un progreso en alguna área de tu vida, no te desanimes ni te rindas. Al enemigo le encantará que renuncies antes de que llegue tu respuesta, pero sigue adelante y recuerda esto:

Y han vencido a esos falsos profetas, porque el que está en ustedes, es más poderoso que el que está en el mundo. (1 Juan 4:4)

Las mujeres que oran saben que el mayor progreso está en sus propios corazones.

RECORDATORIOS DE ORACIÓN

1. Ora creyendo que, en cada área en que necesitas un progreso, Dios está trabajando.
2. Mientras oras, recuerda quién dice Dios que eres.
3. Ora con valentía, consciente de que el tiempo de Dios es perfecto.

UNA ORACIÓN PARA CUANDO NECESITAS UN DESCANSO

Padre:

Gracias porque eres un Dios fiel que escucha mis oraciones. Traigo ante ti ahora todas las áreas de mi vida en las que necesito un gran progreso: mi familia, mis finanzas, mi salud. Ayúdame espiritual, mental, física, emocionalmente. ¡Pido un gran avance en el nombre de Jesús! Amén.

Ora desde una posición triunfadora

Las mujeres que oran saben que la batalla ya está ganada.

La necesidad más apremiante en una época como la nuestra, cuando tanta gente está orando tanto, no es por una mayor actividad sino por una mayor autoridad.

Peter Grieg

Ustedes estaban muertos a causa de sus pecados y porque aún no les habían quitado la naturaleza pecaminosa. Entonces Dios les dio vida con Cristo al perdonar todos nuestros pecados. Él anuló el acta con los cargos que había contra nosotros y la eliminó clavándola en la cruz. De esa manera, desarmó a los gobernantes y a las autoridades espirituales. Los avergonzó públicamente con su victoria sobre ellos en la cruz.

Colosenses 2:13-15 NTV

A veces Dios deja caer el comienzo de un nuevo sueño o visión en tu corazón como si fuera una sola gota de lluvia, pero puedes ver que hay más en el camino. Eso es lo que me pasó hace dos años y ahora empieza a llover.

—Creo que deberíamos ver si el nombre del dominio del sitio web Praying Women está disponible —dijo Barry una mañana, durante el desayuno.

—¿Qué te hizo pensar en eso? —pregunté.

—No estoy seguro, pero me desperté a las tres de la madrugada con eso en mente —dijo—. No cambiaría. Creo que se supone que debemos hacer algo con esto.

La idea de mujeres que oran, tocó un acorde profundo dentro de mí. Durante los últimos tres años, había estado estudiando la oración en mi propia vida, pero nunca había pensado en escribir al respecto. Sentí que era un gran tema que podía abordar. Decidimos ver si el nombre de dominio del sitio web estaba disponible. Lo estaba, pero era bastante caro. Así que nos comprometimos a esperar y a orar para comprarlo por unos días. Pronto ambos tuvimos una sensación muy fuerte de que Dios había puesto eso en nuestros corazones, así que seguimos adelante, lo compramos y registramos el nombre.

—¿Sabes qué? —preguntó Barry.

—No tengo idea —le dije—. Creo que mejor esperamos.

Así que esperamos.

Unas semanas más tarde, recibí un correo electrónico de una mujer que nunca había visto. Me dijo que le habían pedido que invitara a veinte mujeres líderes cristianas de todo Estados Unidos a una reunión importante en Washington, D. C., y que quería saber si estaba dispuesta. Le dije que revisaría mi calendario y le respondería. Para cuando lo hice, las cosas habían cambiado. «Ahora solo puedo invitar a cuatro mujeres», dijo. «¿Serás una de ellas?». Respondí afirmativamente. Como no nos conocíamos, decidimos reunirnos para desayunar antes de ir a la reunión principal. Mi vuelo a Washington se retrasó, así que llegué unos minutos tarde. Cuando llegué, las otras mujeres ya estaban inmersas en una conversación. Me presenté y me senté.

«Estamos hablando de la oración», dijo una de ellas. «Incluso intentamos obtener el sitio web Mujeres que oran, pero ya lo tomaron».

Sonreí y dije: «Sí, es mío».

De inmediato nos quedó claro que Dios nos había reunido allí esa mañana. Todas éramos de muy diferentes ámbitos de la vida. La más joven entre nosotras es una abogada estricta que trabaja en el sistema de cuidado de crianza. Otra trabaja con estudiantes en todo Estados Unidos, otra con huérfanos en África y otra en un ministerio de mujeres de una iglesia grande. Nuestras vidas normales no nos habrían unido a todas, pero Dios lo hizo. Ese día me di cuenta de que el propósito de estar en Washington no tenía nada que ver con la reunión a la que íbamos a asistir, sino con esas cuatro mujeres con un llamado ardiente común en nuestras vidas sobre la oración. No teníamos idea de cómo sería nuestra participación, pero sabíamos que Dios había hecho que nuestros caminos se cruzaran con un propósito. Determinamos que el siguiente paso sería contactarnos una vez por semana.

Nuestro grito de batalla

Comenzamos a paso lento y pequeño. Los lunes por la mañana, nos uníamos en una videollamada, orábamos unas por otras y le preguntábamos a Dios qué quería que hiciéramos. Pronto tuvimos la visión clara. Fuimos llamadas a reunir mujeres en todo el país para orar. Nuestra visión no era sobre un evento o cualquier persona. Sería solo acerca de oración. Alguien sugirió el nombre «Ella habla fuerte», porque el amor no es silencioso y tampoco deberíamos callar cuando hablamos del amor y la misericordia de Dios. Quedó claro que la oración era lo único que nos unía a todas. No teníamos idea de a dónde podría llevar Dios esta visión, pero sabíamos que —como hijas de Dios— podíamos hacer algo juntas.

No importa dónde vivamos, si somos ricas o pobres, fuertes o débiles, podemos orar como una sola.

Si eres estudiante universitaria, si estás jubilada, si estás en una cama de hospital, si estás en el lugar de trabajo, si tienes nueve años, si tienes noventa y nueve, podemos unirnos con otras y orar.

Le pedí a Dios que nos diera un versículo que fuera nuestro lema, y me sentí atraída por el Salmo 68:11 CST:

> El SEÑOR ha emitido la palabra,
>   y millares de mensajeras la proclaman.

Pronto doce de nosotras estábamos comprometidas con la misma visión y nos reuníamos todos los lunes en una videollamada. Tengo reuniones de producción los lunes en el estudio donde trabajo, así que me unía a la llamada con ropa de trabajo y un poco de maquillaje, una de las chicas de California se incorporaba en pijama con el cabello recogido con un ganchito, un par de mujeres se unían a nosotras en sus autos mientras conducían al trabajo. Éramos un grupo de aspecto interesante. ¿No te gusta que Dios elija a las personas menos probables para tareas especiales? Estoy muy contenta de que fuéramos muy diferentes. Diferentes denominaciones, diferentes colores de piel, diferentes experiencias de vida, diferentes edades, pero unidas por una sola cosa: amamos a Jesús y creemos que la oración cambia las cosas.

Nuestras llamadas de los lunes por la mañana eran buenas, pero sentimos que era importante reunirnos en un solo lugar para compartir y orar. Entonces nos conocimos en la primavera de 2019 en un rancho al este de Texas. Durante la cena de la primera noche, compartimos nuestras historias de las formas en que Dios nos había conocido a cada una de nosotras, en los espacios rotos de la vida. Conocí a algunas mujeres por su nombre o reputación, pero nunca había escuchado sus historias. La experiencia fue profundamente conmovedora y había algo claro: Jesús era el héroe de cada historia. Una había pasado por un divorcio no deseado, otra había sufrido abusos, algunas habíamos luchado contra la depresión, pero el tema común era que, en el punto más bajo de nuestras vidas, habíamos descubierto quiénes éramos y de quién somos, y ello nos había hecho valientes; no solo valientes sino victoriosas en Cristo. Habíamos aprendido a vencer en su nombre. Las mismas cosas que el enemigo pretendía usar para quebrantarnos, en las manos de Cristo nos habían hecho más fuertes. Me quedó claro por qué Dios había puesto una pasión por la oración en cada uno de nuestros corazones. Juntas habíamos probado el lado amargo de la vida: injusticia, traición, cáncer, enfermedad mental, suicidio en nuestras familias. No solo creíamos que nuestro Dios es sanador, redentor, restaurador, libertador, refugio, defensor, torre fuerte. Sabíamos que lo es porque lo ha sido para cada una de nosotras. Ahora estábamos listas para luchar por nuestras hermanas.

El segundo día, salimos a orar. Nos arrodillamos en círculo y colocamos nuestras manos en el suelo. Algunas de nosotras yacíamos de bruces, adorando y orando. Oramos por nuestra nación, por aquellos que han perdido la esperanza, por los que han sido maltratados por la vida, por aquellos que se sienten perdidos, no amados, invisibles. Pensé en todas las lágrimas que habían caído al suelo en las generaciones anteriores, en las oraciones regadas por las lágrimas que le pedían a Dios un avivamiento. Le preguntamos a Dios si podríamos ser las que viviríamos para ver el fruto de esas lágrimas y esas oraciones llenas de fe. J. Edwin Orr dijo una vez que «cada avivamiento en la historia podría rastrearse para encontrar en su origen a un grupo de personas reunidas para orar».[1] Nuestra historia registra un momento en que algo como eso sucedió en la Universidad de Yale.

En la Universidad de Yale en 1905, las reuniones de oración comenzaron a multiplicarse. Un miembro de la facultad quedó tan impresionado que le envió a John R. Mott una carta en la que escribió: «Queremos que vengas a Yale para una serie de reuniones... El Espíritu de Dios está aquí con nosotros con poder... Nunca he conocido un momento en que haya tantos estudiosos». El resultado de esas reuniones fue un despertar en el que un tercio del cuerpo estudiantil de Yale se involucró en estudios bíblicos en pequeños grupos. K. S. LaTourette continuó escribiendo que la clase de 1909, que eran estudiantes de primer año en 1905, engendró más misioneros que cualquier otra clase en la historia de Yale.[2]

Anhelo ver un avivamiento como ese nuevamente en los campus universitarios, en pueblos y ciudades de todo el país.

En una conversación alrededor de las tenues llamas de una fogata esa noche, cada una de nosotras contó nuestros versículos de batalla. Descubrimos que cada una de nosotras había hecho suyo un pasaje de las Escrituras, nuestra espada personal de la Palabra de Dios para las batallas más feroces de nuestras vidas. Este es el mío:

> Pero de una cosa estoy seguro:
> he de ver la bondad del SEÑOR
> en esta tierra de los vivientes.
> Pon tu esperanza en el SEÑOR;
> ten valor, cobra ánimo;
> ¡pon tu esperanza en el SEÑOR! (Salmos 27:13-14)

Cuando estuve hospitalizada con depresión clínica severa, la tentación que me abrumaba era quitarme la vida. El enemigo me susurraba en las horas más oscuras de la noche:

Eres igual que tu padre.

No saldrás viva de esto.

Termina ya.

Nadie volverá a confiar en ti.

Estás completamente sola.

Nunca ganarás esta batalla.

Llorando, literalmente, me arrastraba de la cama, levantaba los brazos y oraba este pasaje en voz alta una y otra vez:

Pero de una cosa estoy seguro:
he de ver la bondad del Señor
en esta tierra de los vivientes.
Pon tu esperanza en el Señor;
ten valor, cobra ánimo;
¡pon tu esperanza en el Señor!

Francamente, no *sentía* que eso fuera verdad. Creía que no volvería a ver la bondad del Señor en esta tierra de los vivos. Sabía que vería su bondad cuando terminara mi vida aquí abajo, pero no sabía cómo superaría la oscuridad en esta tierra. Si alguna vez has experimentado una depresión severa, conoces el desaliento y la oscuridad desesperantes, como si tu alma estuviera atrapada en un invierno perpetuo.

Aunque no creía que esas palabras fueran ciertas, las declare verdaderas. ¡Una noche lo dije tan fuerte que dos de los otros pacientes y una enfermera vinieron para asegurarse de que no estaba viendo cosas en mi habitación! El Salmo 27:13-14 se convirtió en mi texto bíblico de batalla. ¿Tienes uno de estos? ¿Hay un pasaje de las Escrituras al que te aferras y que declaras sobre tu vida cuando todo a tu alrededor parece desmoronarse? Si no tienes uno, considera usar uno de mis favoritos.

El nombre del Señor es una fortaleza firme;
los justos corren a él y quedan a salvo. (Proverbios 18:10, NTV)

El que habita al abrigo del Altísimo
se acoge a la sombra del Todopoderoso.
Yo le digo al Señor: «Tú eres mi refugio,
mi fortaleza, el Dios en quien confío». (Salmos 91:1-2 CST)

Bueno es el Señor;
es refugio en el día de la angustia,
y protector de los que en él confían. (Nahúm 1:7 CST)

> Oh Señor, tú eres una torre de refugio para los pobres,
>> una torre de refugio para los necesitados en su angustia.
> Eres refugio de la tempestad y amparo del calor.
> Pues los actos opresivos de la gente despiadada
>> son como una tormenta que azota los muros. (Isaías 25:4 NTV)

Podemos declarar y descansar en estos versículos con absoluta confianza porque son Palabra de Dios. No solo esperamos que sean ciertas; sabemos que son verdad. La persona más pequeña y débil que confía en Cristo contra viento y marea hace temblar a los demonios del infierno.

La oración, el arma elegida por Cristo

¿Alguna vez has notado cuántas veces leemos en los Evangelios que Cristo se retiró a orar?

> Después de despedir a la gente, subió a la montaña para orar a solas. (Mateo 14:23)

> A la mañana siguiente, antes del amanecer, Jesús se levantó y fue a un lugar aislado para orar. (Marcos 1:35 NTV)

> Por aquel tiempo se fue Jesús a la montaña a orar, y pasó toda la noche en oración a Dios. (Lucas 6:12)

Hay muchas más referencias de Cristo orando —toda la noche, antes del amanecer— en Getsemaní antes de enfrentar la batalla más grande de todas. La oración era el arma preferida de Cristo en esta tierra, pero ¿sabías cuál ha sido su arma desde entonces?

> Hubo muchos sacerdotes bajo el sistema antiguo, porque la muerte les impedía continuar con sus funciones; pero dado que Jesús vive para siempre, su sacerdocio dura para siempre. Por eso puede salvar —una vez y

para siempre—a los que vienen a Dios por medio de él, quien vive para siempre, a fin de interceder con Dios a favor de ellos. (Hebreos 7:23-25)

¿Te detendrías por un momento y dejarías que esto se hunda? Cristo, el Cordero inmaculado de Dios, aquel cuyas palabras dieron vida a nuestro mundo, aquel que mantiene las estrellas y los planetas en su lugar, aquel que fue traicionado, golpeado, torturado y crucificado, aquel que resucitó de entre los muertos ¡está orando por ti en este momento!

En el texto anterior, el escritor de Hebreos habla sobre el antiguo sistema en el que un sumo sacerdote, una vez al año, entraba en el Lugar Santísimo para hacer un sacrificio con el objeto de cubrir los pecados del pueblo. Era un sistema imperfecto. Los sacerdotes eran humanos. Morirían y luego habría que encontrarles un reemplazo. Nuestro Sumo Sacerdote es Jesús, que murió una vez y resucitó. Nunca habrá ninguna interrupción en sus oraciones por nosotros. La oración no es solo el arma elegida por Cristo, sino también la fragancia elegida por Dios en el cielo.

La fragancia del cielo

Nuestro hijo, Christian, estudia en Texas A & M, en College Station, Texas. Cuando se fue a la universidad, vendimos nuestra casa y compramos una más pequeña. Vivíamos en Frisco, Texas, pero ahora vivimos en Dallas, treinta minutos más cerca de College Station. Hasta ahora, Christian no parece haberse dado cuenta de que estamos avanzando poco a poco hacia él.

Cuando lo visitamos, nos encanta quedarnos en un hotel por algunas razones. El hotel tiene una temática de tren. College Station se llama así porque solía ser la parada donde los estudiantes bajaban del tren para ir a la universidad. En el elevador, no se presiona un botón para ir a su piso sino a su plataforma. La mascota del hotel es una oveja, y hay un «rebaño» de tamaño natural diseminado por el hotel. La primera vez que nos quedamos ahí, Barry pensó que sería divertido traer una de las ovejas del vestíbulo después de que yo estuviera dormida y ponerla a mi lado.

Si alguna vez te quedaras allí, me gustaría disculparte si te despertaras con un grito espeluznante.

Pero la razón principal por la que amamos ese hotel es porque en el momento en que cruzas sus puertas, su fragancia característica te saluda. No se parece a nada que haya olido antes y la fragancia está en todas partes: en el vestíbulo, el ascensor y las habitaciones. Lo preguntamos una vez, y un miembro del personal nos dijo que es roble y ascua, un olor a madera que recuerda las noches de Texas y específicamente elegido para ser utilizado solamente en ese hotel.

Dios ha elegido específicamente una fragancia para el cielo y son las oraciones de su pueblo.

En la revelación que le fue dada a Juan en la isla de Patmos, Juan escribió esto hablando de Jesús:

> Se acercó y recibió el rollo de la mano derecha del que estaba sentado en el trono. Cuando lo tomó, los cuatro seres vivientes y los veinticuatro ancianos se postraron delante del Cordero. Cada uno tenía un arpa y copas de oro llenas de incienso, que son las oraciones del pueblo de Dios. (Apocalipsis 5:7-8)

De nuevo, en Apocalipsis, Juan escribió:

> Se acercó otro ángel y se puso de pie frente al altar. Tenía un incensario de oro, y se le entregó mucho incienso para ofrecerlo, junto con las oraciones de todo el pueblo de Dios, sobre el altar de oro que está delante del trono. Y, junto con esas oraciones, subió el humo del incienso desde la mano del ángel hasta la presencia de Dios. (Apocalipsis 8:3-4)

El salmista David sabía que nuestras oraciones son como una ofrenda fragante a Dios.

> Que suba a tu presencia mi plegaria como una ofrenda de incienso; que hacia ti se eleven mis manos como un sacrificio vespertino. (Salmos 141:2 CST)

Dios podría haber elegido cualquier cosa como la fragancia del cielo. Podría haber elegido la asistencia a la iglesia, el diezmo o el buen comportamiento. Pero escogió la oración. Cuando esta vida presente termine y finalmente entremos en el cielo, allí estará esa fragancia familiar: las oraciones del pueblo de Dios.

Unas veces nuestras oraciones son ofrendas de adoración, otras son de peticiones, pero hay momentos en que nuestras oraciones deben ser de autoridad, oradas con valentía en el nombre de Jesús. Podemos orar con autoridad confiada por lo que Cristo ha hecho por nosotras.

Hora de tomar tu asiento

El 6 de junio de 2019 el mundo hizo una pausa para honrar una fecha significativa, el septuagésimo quinto aniversario del Día D. Ese día, en 1944, fue el comienzo del fin de la Segunda Guerra Mundial, las fuerzas británicas, estadounidenses y canadienses invadieron el norte de Francia con desembarcos en la playa en Normandía. Su firme compromiso fue hacer retroceder la maquinaria de guerra nazi de Hitler. Recuerdo que cuando era niña le pregunté a mi madre qué recordaba de la guerra. Me contó sobre la noche en que un joven paracaidista alemán que había perdido su lugar de aterrizaje descendió en el jardín trasero de mis abuelos. Mi abuelo llamó a la Guardia Nacional para que se lo llevara, pero antes de que llegaran, mamá se escapó para mirar a ese soldado «enemigo». «Era solo un niño», dijo. «¿Cómo podría ser este el enemigo?».

Hoy enfrentamos una guerra, sin embargo, en la cual el enemigo es muy claro. No pueden faltar sus motivos o intenciones malvadas, no hay negociación, no hay posibilidad de un tratado de paz porque él es pura maldad. Pero podemos vencerlo cuando oramos con autoridad. Para ello, debemos notar dónde estamos sentados, y eso comienza por entender dónde está sentado Cristo en este momento.

Y cuán incomparable es la grandeza de su poder a favor de los que creemos. Ese poder es la fuerza grandiosa y eficaz que Dios ejerció en

Cristo cuando lo resucitó de entre los muertos y lo sentó a su derecha en las regiones celestiales, muy por encima de todo gobierno y autoridad, poder y dominio, y de cualquier otro nombre que se invoque, no solo en este mundo, sino también en el venidero. Dios sometió todas las cosas al dominio de Cristo, y lo dio como cabeza de todo a la iglesia. (Efesios 1:19-22)

Jesús está sentado a la diestra de Dios. Pablo continúa explicando que, debido a dónde está Jesús, se nos ha dado una mejora significativa en dónde estamos.

Pero Dios, que es rico en misericordia, por su gran amor por nosotros, nos dio vida con Cristo, aun cuando estábamos muertos en pecados. ¡Por gracia ustedes han sido salvados! Y en unión con Cristo Jesús, Dios nos resucitó y nos hizo sentar con él en las regiones celestiales. (Efesios 2:4-6)

Esto es un poco difícil de entender, francamente. ¿Qué significa que nos hemos sentado en regiones celestiales? En este momento, hasta donde puedo ver, estoy sentada en mi escritorio en Dallas. Entonces, ¿qué dice Pablo? Unas pocas cosas. Una cosa es segura: así como la muerte y el juicio están detrás de Cristo, también están detrás de nosotros. La muerte no tiene poder sobre el creyente. No tenemos que temer nunca. Iremos directamente de esta vida a estar con Jesús. Además, no enfrentaremos el juicio de Dios en el gran trono blanco. Eso es solo para aquellos que nunca han aceptado el sacrificio de Cristo por sus pecados. Sin embargo, estaremos ante Cristo para ser juzgados.

Porque es necesario que todos comparezcamos ante el tribunal de Cristo, para que cada uno reciba lo que le corresponda, según lo bueno o malo que haya hecho mientras vivió en el cuerpo. (2 Corintios 5:10)

Notarás que ese juicio no se trata de castigo sino de recompensas. No pienses ni por un momento que Dios es ajeno a todo lo que haces para servirle. Ya sea que alguien vea o no, Dios lo ve. Muchas personas, incluida yo misma, hemos sido dotadas de ministerios públicos, pero no pienses que estos son más importantes para Dios. Tengo una amiga que no puede salir de su casa, pero dedica gran parte de su día a la oración. He conocido a muchas mujeres en las partes más pobres de África que silenciosamente sirven a Dios todos los días. Mi hermana mayor, Frances, tiene una voz encantadora. Ella sirve a Dios en silencio en lugares donde no hay gran audiencia ni aplausos. Me presento en escenarios muy grandes en todo el mundo, pero a menudo digo: «Cuando lleguemos al cielo, ¿saludarás a Jesús de mi parte? ¡Creo que estarás más cerca!». Lo que sea que hagas por Dios podría no ser muy aplaudido aquí, ¡pero espera hasta llegar a casa!

Así que la muerte y el juicio están detrás de nosotros, pero ¿qué más dice Pablo?

Un cambio de domicilio

Obtenemos un poco más de claridad cuando leemos esto:

Ya que han resucitado con Cristo, busquen las cosas de arriba, donde está Cristo sentado a la derecha de Dios. Concentren su atención en las cosas de arriba, no en las de la tierra, pues ustedes han muerto y su vida está escondida con Cristo en Dios. (Colosenses 3:1-3)

Cuando Dios nos ve, ya nos ve sentados con Cristo. Es un trato hecho. Pablo insta a los colosenses a ver que; sí, pueden que estén aquí por un tiempo más, pero este no es su verdadero hogar. Tampoco es nuestro verdadero hogar. Nos está animando a poner nuestros corazones y nuestras mentes en lo que va a durar para siempre. En cada decisión que enfrentes, todos los días antes de partir, recuerda quién eres. Eso cambiará tu forma de vivir.

Si hubieras sido invitada al Palacio de Buckingham para conocer a la Reina Isabel, ¿cómo te hubieras preparado? Estoy segura de que habrías comprado un atuendo hermoso y hasta un sombrero elegante. Tuve el privilegio de conocer a la familia real una vez en el Palacio Holyrood, en Edimburgo. Fue una experiencia maravillosa, pero terminó en un momento. Amo a la reina Isabel, pero fue una monarca humana. Tú y yo somos hijas del Rey de reyes. No estamos invitadas a su presencia por un momento; sino para siempre. Eso me hace querer vivir de manera diferente ahora. Oro para que también haga lo mismo por ti. Le pido a Dios que puedas mantener la cabeza en alto sin importar qué. No importa quién haya tratado de menospreciarte, irrespetarte, dejarte, esas cosas tienen una vida útil, una fecha de caducidad. Tienes un futuro en el cielo que nadie puede tocar. Eres una hija amada de Dios.

Todos se levantan

Hay una escena muy conmovedora en la serie de televisión británica *Victoria*. Victoria era muy joven, solo tenía dieciocho años, cuando se convirtió en reina. Uno de los consejeros de su palacio le dijo que, en el día de su coronación, se tocaría el «Aleluya» de Handel. Explicó que, como era tradición, todos se pondrían de pie, pero como ella acababa de ser coronada reina, debía permanecer sentada. La coronación fue un evento magnífico, y cuando las primeras notas del «Aleluya» fueron tocadas por una orquesta de ochenta instrumentos y 157 cantantes, toda la multitud reunida en la Abadía de Westminster se puso de pie, al igual que la joven de dieciocho años recién coronada reina de Inglaterra. Es una historia real y un homenaje a una joven reina que reconoció a Uno mayor que ella. ¿Qué más podía hacer ella sino ponerse de pie?

> Aleluya, aleluya, aleluya, aleluya, aleluya
> aleluya, aleluya, aleluya, aleluya, aleluya
> Dios el omnipotente ya reina
> aleluya, aleluya, aleluya, aleluya,

Y el mundo en gloria viene a hacer
el reino del Señor,
ya reina aquí Cristo el Señor.

Y reinará por siempre y siempre
y reinará por siempre y siempre
y reinará por siempre y siempre

Al Señor; por siempre y siempre aleluya, aleluya
Eterno rey; por siempre y siempre aleluya, aleluya
Al Señor; por siempre y siempre aleluya, aleluya
Y eterno rey; por siempre y siempre aleluya, aleluya
Al Señor; por siempre y siempre aleluya, aleluya
Eterno rey; al Señor, eterno rey.

Y reinará por siempre y siempre
Y reinará
Y reinará
Él reinará
Y reinará por siempre y siempre

Aleluya, aleluya, aleluya, aleluya,
Aleluya.

¿Lo que hay en un nombre?

Comprender lo que significa estar sentada con Cristo transforma la forma en que oramos. Dado que estamos en Cristo y oramos en su nombre, oramos con la autoridad de ese nombre. Si pudiéramos comprender realmente el peso de la autoridad del nombre de Cristo, no solo cambiaría nuestra forma de orar, sino que también nos cambiaría a nosotros. Cuando Cristo vio ese tipo de comprensión no en un creyente judío sino en un soldado romano, se sorprendió.

Al entrar Jesús en Capernaúm, se le acercó un centurión pidiendo ayuda.

—Señor, mi siervo está postrado en casa con parálisis, y sufre terriblemente.

—Iré a sanarlo —respondió Jesús.

—Señor, no merezco que entres bajo mi techo. Pero basta con que digas una sola palabra, y mi siervo quedará sano. Porque yo mismo soy un hombre sujeto a órdenes superiores, y además tengo soldados bajo mi autoridad. Le digo a uno: «Ve», y va, y al otro: «Ven», y viene. Le digo a mi siervo: «Haz esto», y lo hace.

Al oír esto, Jesús se asombró y dijo a quienes lo seguían:

—Les aseguro que no he encontrado en Israel a nadie que tenga tanta fe.

Luego Jesús le dijo al centurión:

—¡Ve! Todo se hará tal como creíste.

Y en esa misma hora aquel siervo quedó sano. (Mateo 8:5-10,13 CST)

Ese oficial romano, a cargo de unos cien soldados, era obviamente un hombre de fe, y entendía lo que era la autoridad. Era claramente un hombre compasivo, que buscaba a Jesús porque un joven criado suyo estaba enfermo. Sabía que hay poder en el nombre del Señor: «Solo di la palabra». Cuando Cristo triunfó sobre la muerte y la tumba, hubo un poderoso cambio de poder. Como vimos al comienzo de este capítulo, la traducción del mensaje lo expresa de esta forma:

De esa manera, desarmó a los gobernantes y a las autoridades espirituales. Los avergonzó públicamente con su victoria sobre ellos en la cruz. (Colosenses 2:15 NTV)

Otra traducción dice así:

Desarmó a los poderes y a las potestades, y por medio de Cristo los humilló en público al exhibirlos en su desfile triunfal.

Gracias a Jesús, ganamos. Vivimos en una cultura que deshonra a Dios cada vez más, que trata de expulsarlo de las escuelas y se burla de Él en la televisión o en las películas, pero eso no durará para siempre. Uno de mis pasajes favoritos de la Escritura, el gran himno cristológico de Filipenses 2, nos recuerda que el día viene. Hablando de Jesús, Pablo escribió:

Quien, siendo por naturaleza Dios,
    no consideró el ser igual a Dios como algo a qué aferrarse.
Por el contrario, se rebajó voluntariamente,
    tomando la naturaleza de siervo
    y haciéndose semejante a los seres humanos.
Y, al manifestarse como hombre,
    se humilló a sí mismo
y se hizo obediente hasta la muerte,
    ¡y muerte de cruz!
Por eso Dios lo exaltó hasta lo sumo
    y le otorgó el nombre
    que está sobre todo nombre,
para que ante el nombre de Jesús
    se doble toda rodilla
en el cielo y en la tierra
    y debajo de la tierra,
    y toda lengua confiese que Jesucristo es el Señor,
        para gloria de Dios Padre. (vv. 6-11)

Una vez le pregunté al hijo de un amigo: «¿Qué significa orar "en el nombre de Jesús"?». Él respondió: «Significa que en ese momento podemos abrir los ojos».

Me encantó su respuesta, pero —en realidad— orar en el nombre de Jesús significa mucho más que un anuncio de que la oración ha terminado. Significa que venimos en su justicia. Significa que oramos con su autoridad. Significa que oramos con su poder. Esas son buenas noticias porque, si eres como yo, tendrás días buenos y días malos. Hay días en que me levanto temprano, me encuentro con Dios, adoro junto con las canciones que tengo programadas en mi auto... y luego están esos otros días. Ya sabes cómo son esos días. Supongo que la mayoría de nosotras lo sabemos.

Lo real de orar en el nombre de Jesús es que somos bienvenidas por todo lo que Jesús hizo bien, no todo lo que hicimos bien o mal. Tenemos un pase de acceso total al salón del trono de Dios gracias a Jesús. Venimos en su nombre. Somos bienvenidas en su nombre. Oramos en su nombre. Tenemos victoria en su nombre.

Las mujeres que oran saben que la batalla ya está ganada.

RECORDATORIOS DE ORACIÓN

1. Ora recordando que la oración es el arma que Cristo eligió.
2. Ora consciente de que estás llenando el cielo con su fragancia.
3. Ore en la autoridad del poderoso nombre de Jesús.

UNA ORACIÓN CUANDO ORAS POR UN LUGAR DE VICTORIA

Padre:

Vengo valientemente al trono de la gracia y la misericordia en el nombre de Jesús. Sé que no tengo bondad propia, pero te agradezco que estoy cubierta por la sangre de Jesús. Te agradezco que puedo presentar todas mis peticiones ante ti en tu nombre. Agradezco que me acojas en tu nombre. Te agradezco que puedo orar por mi familia con autoridad en el nombre de Jesús. Agradezco que puedo traer delante de ti todas las preocupaciones en el nombre de Jesús. Gracias porque cuando me miras, no ves mi pecado; ves tu sacrificio. Gracias por el hermoso, maravilloso y poderoso nombre de Jesús. Amén.

Conclusión

Comencé este libro diciendo que Dios no está buscando palabras perfectas ni personas perfectas: Él anhela nuestra continua presencia diaria en oración y adoración. Ahora entiendo con una profundidad que nunca antes había tenido. Nunca seré perfecta, pero me encanta que me acojan en la presencia de Dios tal como soy. Y aunque la maravilla de esto es difícil de comprender, sé que a Él también le agrada mi presencia. Oro para que también sepas esta verdad. Incluso ahora estoy orando por ti. Le pido a Dios que te exprese, de una manera en que yo no puedo, cuánto te ama tal como eres ahora. No hay mayor recepción en la presencia de Dios cuando tienes buenas temporadas o menos cuando sientes que has arruinado todo. Él te espera con los brazos abiertos todos los días. Esa imagen me hace sonreír y me lleva de vuelta al verano en que cumplí dieciocho años.

El verano antes de irme a la universidad, fui voluntaria en un centro de acogida para personas mayores. Ayudaba a preparar y servir almuerzos y el té por las tardes. Jugaba dominó y juegos de carta escuchando innumerables historias sobre cómo era nuestro pequeño pueblo costero en lo que llamaban «los mejores días». Me reía de los chistes malos y también les contaba mi parte. Eran una multitud ruidosa y feliz, pero había un caballero que siempre se sentaba en la esquina, solo. Él no hablaba ni iba a la mesa para almorzar, así que después de haber servido a los que estaban en la mesa del comedor, le llevaría su almuerzo en una bandeja.

Un día decidí acercar una silla a su lado y sentarme allí mientras comía. Me lanzó una mirada desdeñosa y siguió comiendo. Después de esa primera vez, me senté allí todos los días. Simplemente me sentaba en silencio mientras comía, no tan silenciosamente. En el día diez, habló.

—¡Soy estadounidense! —dijo.

—Eso es extraordinario —dije—. Espero visitar su país algún día.

Se volteó hacia mí con lo que parecía esperanza en sus ojos y dijo:

—Si alguna vez llegas a Poughkeepsie, ¿le dirías que George los saluda?

Le prometí que lo haría, aunque no tenía idea de qué era un «Poughkeepsie». ¿Era una familia, un lugar? No tenía idea, pero hice una nota mental para averiguarlo.

Ahora que George me había confiado esa misión sagrada, se sinceró y comenzó a almorzar en la mesa todos los días, con dos condiciones: que su comida fuera la última y que me sentara con él.

Lo que ha permanecido en mi mente durante todos estos años es cómo ese hombre tranquilo y solitario se transformó en el que gritaba todos los días mientras cruzaba las puertas del Centro de Mayores de Ayrshire: «¡Viniste!». La pura alegría que veía en su rostro tocó mi corazón muy profundamente. Y la primera vez que aterricé en Poughkeepsie, que está en Nueva York, por cierto, grité tan fuerte como pude: «¡George les saluda!».

El deleite que apareció en el rostro de George no se asemeja ni en lo más mínimo a lo que Dios siente por ti cuando entras por las puertas a su presencia. No tienes que tomar un autobús todos los días y luego caminar un kilómetro para llegar al centro, solo tienes que decir: «Hola, Padre. Estoy aquí». No tienes que esperar hasta que sientas que estés en un lugar mejor; puedes entrar en su presencia cuando estés feliz, triste, confundida, enojada, asustada o cualquier otra cosa que puedas sentir.

Algunos días me despierto con gratitud en los labios, otros con una sensación abrumadora de mi necesidad de Cristo para el día que me espera. Hay mañanas cuando me despierto simplemente enamorada de Jesús y pongo su nombre en mis labios como un clamor por su presencia. Mis días, como los tuyos, son diferentes, pero lo único que se ha convertido en una constante para mí es que cualquiera que sea mi llanto, es para Jesús. Eso es la oración. A veces, nos arrodillaremos con reverencia. A veces, nos pararemos con los brazos alzados en alabanza y adoración. Habrá días en los que estemos boca abajo en la alfombra, y lágrimas cayendo por nuestras mejillas y días en que bailaremos bajo la lluvia diciéndole cuánto lo amamos. Orar es estar con Cristo, alinearnos con las cosas que le importan, luchar en el ámbito espiritual por los miembros de nuestra familia y amigos, y descansar en su presencia.

Cuando era más joven, como cristiana, orar firmemente siempre estaba en mi lista de cosas por hacer. Era algo que podía marcar como cepillarme los dientes, pasear al perro, hacer mi cama. Pero ya no más. Ahora mi compañero más cercano en la vida es Cristo. Permíteme explicar lo que quiero decir con eso a la luz de las relaciones significativas en mi vida, porque esto es importante. Barry y yo llevamos casados veintiséis años. Hemos pasado por altibajos serios, pero lo amo hoy más que aquella nevada mañana de diciembre de 1994. Nuestro hijo, Christian, tiene veinticuatro años. Ha sido una alegría absoluta criarlo, compartimos un vínculo muy especial. El día en que nació, también nació algo en mí: el corazón de una madre. Daría mi vida por mi hijo. También estoy profundamente agradecida por mi familia, mis amigos cercanos y el trabajo que hago a través de Life Outreach International. Todas esas relaciones le dan a mi vida alegría y un significado muy especial, pero ninguna de ellas se acerca a mi relación con Cristo. Las relaciones humanas más óptimas son defectuosas.

Cuando Barry y yo nos casamos, muchas de nuestras discusiones y desacuerdos sucedieron porque esperaba ser todo lo que debía, ya fuera capaz de articular lo que necesitaba o no. Pensé que debería saberlo. Cuando Christian se fue a la universidad, lloré durante aproximadamente una semana. Estaba tan orgulloso de él y confiaba en que Dios lo guardara, pero de repente él estaba allí solo. No podía permanecer despierta hasta que supiera que estaba en casa o asegurarme de que había comido algo antes de irse a clase. Estaba en su propia gran aventura. Algunos de mis amigos más cercanos están en lugares diferentes de lo que estaban hace unos años. Solíamos trabajar juntos todos los fines de semana, y ahora están en caminos nuevos y maravillosos, y a veces me duele el corazón porque extraño cómo solían ser las cosas. Pero aquí están las buenas noticias: la constante en mi vida es Jesús. Él es mi compañero más cercano, el amor de mi vida. Le hablo de todo. Y tú también puedes hacerlo.

Cuando le dije a Barry que estaba pensando en unirme a Weight Watchers porque pensé que podría perder cinco kilogramos, dijo inocentemente: «¿Eso es todo?». En vez de golpearlo con un pescado congelado, le dije a Jesús: «¿Escuchaste eso?» y lo hizo. Cuando Christian decidió hacer submarinismo y obtener la certificación de buzo de aguas profundas, le dije a Jesús: «¿Qué pasa si algo sale mal?» y Él dijo: «Estaré ahí». Cuando una amiga hace nuevas amigas y me siento un poco excluida, se lo digo a Jesús, y Él dice: «Lo sé, pero siempre estoy aquí».

Lo que estoy tratando de decir no es que debemos dejar a nuestros maridos libres cuando dicen cosas hirientes, o dejar de preocuparnos por nuestros hijos, o ya no llorar las pérdidas inevitables de la vida, para nada. Lo que digo es que tenemos Uno que siempre está con nosotras, que siempre tiene tiempo para nosotras, que nunca nos dejará. A Cristo le interesa todo lo que sucede en tu vida en este momento, sea grande o pequeño. Este es el regalo para toda mujer que ora.

De modo que, aun cuando no sepamos qué decir, tenemos su nombre, Jesús. Entramos en la presencia de nuestro Padre, creyendo que Él nos está escuchando y esperando. Oramos y oramos y no nos rendimos porque Jesús nos está enseñando a ser rigurosas en la oración. Cuando la vida es dura, cuando el dolor es real, no dejamos de orar, sino que buscamos su presencia, conscientes de que Jesús, nuestro Sumo Sacerdote, ha pasado por eso y lo comprende. En los días, las semanas, los meses en que Dios parece estar en silencio y nada tiene sentido para nosotras, confiamos en Él a pesar de que no siempre entendemos sus caminos. Usamos la Palabra de Dios como un libro de oraciones para nuestra vida diaria, y entramos todos los días completamente vestidas con la armadura de Dios, con nuestras espadas listas. Oramos por un gran avance, y agradecemos a nuestro Padre que gracias a Jesús la batalla ya está ganada.

Oro para que nos veamos un día, pero hasta entonces, oro por esta bendición sobre ti, mi hermana:

> Y ahora, que toda la gloria sea para Dios, quien es poderoso para evitar que caigan, y para llevarlos sin mancha y con gran alegría a su gloriosa presencia. Que toda la gloria sea para él, quien es el único Dios, nuestro Salvador por medio de Jesucristo nuestro Señor. ¡Toda la gloria, la majestad, el poder y la autoridad le pertenecen a él desde antes de todos los tiempos, en el presente y por toda la eternidad! Amén. (Judas 24-25 NTV)

Hemos llegado muy lejos y, sin embargo, en muchas maneras apenas estamos comenzando a comprender el poder de la oración. Me emociona ver qué hará Dios a medida que avanzamos juntas. Recuerda, ¡Él es el Dios de lo imposible!

Mujeres que oran

1. *Las mujeres que oran saben que es bueno comenzar desde donde están.*

2. *Las mujeres que oran creen que Dios está oyendo en este momento.*

3. *Las mujeres que oran no dejan de orar nunca, hasta que reciben respuesta de Dios.*

4. *Las mujeres que oran avanzan en oración aun cuando la vida sea dura.*

5. *Las mujeres que oran ruegan en medio de su quebranto, hasta que este se convierte en su autoridad.*

6. *Las mujeres que oran confían en Dios en medio del silencio y lo desconocido.*

7. *Las mujeres que oran no dependen de su propia fuerza, sino del poder de la Palabra de Dios.*

8. *Las mujeres que oran se ponen toda la armadura de Dios confiando en sus promesas.*

9. *Las mujeres que oran saben que el mayor avance está en sus propios corazones.*

10. *Las mujeres que oran saben que la batalla ya está ganada.*

Agradecimientos

En primer lugar, gracias a toda la familia de Baker Publishing. Dwight Baker, tu equipo y tú continúan manteniendo la rica herencia del compromiso de Baker de edificar el cuerpo de Cristo a través de los libros. Es un honor publicar con ustedes.

Gracias a mi maravillosa editora, Rebekah Guzman. Estoy agradecida por su visión, su trabajo arduo y creativo, por su paciencia con mi agenda loca y el hecho de que ¡nunca recuerdo cómo hacer mis notas finales!

Gracias a Mark Rice y Eileen Hanson. Me encanta trabajar estrechamente con ustedes dos y, cuando vuelan a Dallas para cenar, es mejor. Me hacen reír y me hacen pensar, son muy buenos en lo que hacen.

Gracias a Dave Lewis y a todo el increíble equipo de ventas de Baker. Tienen talento para entender la esencia de un mensaje y defenderla.

Gracias a Brianna DeWitt y Olivia Peitsch. Siempre están buscando nuevas formas de transmitir el mensaje. Estoy muy agradecida por ti.

Gracias a Patti Brinks por tu dirección artística, creativa y afectuosa, y por tu infinita paciencia conmigo. Es un placer trabajar contigo.

Gracias a Meshali Mitchell. Eres mucho más que un fotógrafo. Eres artista y amigo.

Gracias a mi extraordinaria agente literaria, Shannon Marven, y al equipo de Dupree Miller. Shannon, eres una de las personas más talentosas que conozco. Lideras con gracia y visión.

Gracias a Caleb Peavy y a Unmutable. Les agradezco su creatividad y el nivel de excelencia que aportan a cada proyecto.

Gracias a James y Betty Robison por la alegría de estar a su lado para compartir el amor de Dios con un mundo roto a través de Life Today y Life Outreach International.

Quiero agradecer a mis perritos, Tink y Maggie, por sentarse pacientemente a mis pies —mes tras mes— mientras escribía y por la lamida ocasional que tanto necesitaba.

A mi esposo, Barry: la palabra gracias parece inadecuada para expresar mi gratitud por la cantidad de tiempo y energía creativa que dedicó a este libro. Caminaste y oraste cada paso conmigo, sentándote hasta la medianoche leyendo capítulos en voz alta, preparando innumerables tazas de té. Te amo y agradezco a Dios por ti todos los días.

A mi hijo, Christian. Tus llamadas por FaceTime y tus mensajes de texto para animarme significan mucho. Me encanta ser tu madre.

Finalmente, a Uno que nunca encontraré suficientes palabras para agradecerle. A Dios, mi Padre, por amarme; a Cristo, mi Salvador, por dar tu vida por mí; y al Espíritu Santo por tu consuelo y tu guía. Soy tuya para siempre.

Notas

Capítulo 1 Ora aunque no sepas qué decir

1. Beliefnet, consultado el 29 de junio de 2019, https://www.beliefnet.com/quotes /evangelical/c/corrie-ten-boom/is-prayer-your-steering-wheel-or-your-spare-tire.aspx.

Capítulo 2 Ora porque Dios te está esperando

1. William Barclay, The Gospel of Luke (Edinburgh, Scotland: St. Andrews Press, 1953), 224.

2. A. W. Tozer, The Pursuit of God (Chicago: Moody, 1961), 13.

3. http://gods-word-first.org/bible-study/613commandments.html.

Capítulo 3 Ora... y no te rindas

1. William Rees, «Here Is Love Vast as the Ocean», Hymnary.org, accessed July 8, 2019, https://hymnary.org/text/here_is_love_vast_as_the_ocean.

Capítulo 4 Ora más fuerte cuando sea más difícil orar

1. William Barclay, The Gospel of Mark, rev. ed. (Louisville, KY: Westminster John Knox, 1975), 324.

2. Dan Hayes, «Prayer Is Valuable to God», Cru, consultado el 29 de junio de 2019, https://www.cru.org/us/en/blog/spiritual-growth/prayer/seven-reasons-to-pray.7.html.

3. C. S. Lewis, *El sobrino del mago, Las crónicas de Narnia* (New York: HarperCollins, 1950), 86-87.

Capítulo 5 Ora a través de tu dolor

1. Christian Ellis, «"God's Almighty Kindness and Love": Joni Eareckson Tada Shares Good News after Hospital Scare», CBN News, 12 de abril de 2019, https://www.1.cbn .com/cbnnews/us/2019/april/gods-almighty-kindness-and-love-joni-eareckson-tada -shares-good-news-after-hospital-scare.

Capítulo 6 Ora aunque Dios parezca silencioso

1. Rev. T. G. Ragland, citado en *William MacDonald's Believer's Bible Commentary* (Nashville: Nelson, 1989), 1538.

Capítulo 7 Ora con el poder de la Palabra de Dios

1. William Shakespeare, *La fierecilla domada* (Oxford, UK: Oxford University Press, 1990), act 5, scene 2, lines 136-38.

2. Benjamin Kandt, «Augustine and the Psalms», PrayPsalms.org, August 28, 2017, https://praypsalms.org/saint-augustine-the-psalms-f2c7edf146d8.

3. Ambrose, «Delightful Book of the Psalms», Crossroads Initiative, publicado el 15 de junio de 2017, https://www.crossroadsinitiative.com/media/articles/delight fulbookofthepsalms/.

4. Athanasius, «Praying the Psalms», The Prayer Foundation, publicado en 2001, http://www.prayerfoundation.org/athanasiusprayingthepsalms.htm.

5. Joni Eareckson Tada, «Speaking God's Language: How Scripture Can Add Power to Your Prayers», Redeemer Churches and Ministries, originalmente publicado en Pray! magazine, 2006, https://www.redeemer.com/learn/prayer/prayerandfasting /speakinggodslanguage_howscripturecanaddpowertoyourprayers.

6. Walter Brueggemann, Praying the Psalms (Eugene, OR: Wipf & Stock, 2007), 1.

7. Eugene Peterson, The Psalms as Tools for Prayer (San Francisco: Harper & Row, 1989), 14.

8. Donald Whitney, *Orando la Biblia* (Wheaton: Crossway, 2015), 46.

9. Dietrich Bonhoeffer, *Life Together* (New York: Harper & Row, 1954), 45-46.

Capítulo 8 Ora con la armadura puesta

1. C. S. Lewis, *Cartas del diablo a su sobrino* (New York: Harper One, 1996), 16-17, Kindle.

2. Richard Foster, Spiritual Classics (New York: HarperCollins, 2000), 48.

Capítulo 9 Ora cuando necesites un gran avance

1. Warren Wiersbe, *The Wiersbe Bible Commentary* OT (Colorado Springs: David C. Cook, 2017), 1344.

2. Wiersbe, *The Wiersbe Bible Commentary* OT, 1381.

Capítulo 10 Ora desde una posición triunfadora

1. Dan Hayes, «Prerrequisito para el despertamiento espiritual», Cru, consultado el 29 de junio de 2019, https://www.cru.org/us/en/blog/spiritual-growth/prayer /seven-reasons-to-pray.6.html.

2. Dan Hayes, «La oración es valiosa para Dios», Cru, consultado el 29 de junio de 2019, https://www.cru.org/us/en/blog/spiritual-growth/prayer/seven-reasons-to-pray.7.html.

Sheila Walsh creció en Escocia y ha hablado a más de seis millones de mujeres en todo el mundo. Su pasión es ser maestra de la Biblia, hacer práctica la Palabra de Dios y compartir su propia historia sobre cómo la conoció Dios cuando estaba en su punto más bajo y cómo la levantó de nuevo.

Su mensaje: ¡DIOS ES POR TI!

A Sheila le encanta escribir y ha vendido más de cinco millones de libros. También es la coautora del programa de televisión *Life Today*, que se transmite en los Estados Unidos, Canadá, Europa y Australia con más de cien millones de televidentes diariamente.

Sheila llama a Texas su casa, vive en Dallas con su esposo, Barry; su hijo, Christian; y dos perritos, Tink y Maggie, que son los que mandan.

Puedes contactarte con ella en Facebook en sheilawalshconnects, en Twitter @sheilawalsh y en Instagram en @sheilawalsh1.